「光　源」
GUANG
YUAN
李明源

U0840472

图书在版编目（CIP）数据

光源 / 李明源著. -- 北京：华文出版社，2019.9
ISBN 978-7-5075-5158-7

Ⅰ. ①光… Ⅱ. ①李… Ⅲ. ①李明源－自传 Ⅳ.
①K825.7

中国版本图书馆CIP数据核字(2019)第152294号

书　　名　光源 GUANGYUAN
项目出品　名人励志奇葩说
著　　者　李明源
主　　编　顾　平　杜普洲
总 策 划　蔡　燕
责任编辑　潘　婕
策划编辑　黄　磊
特约编辑　赵　军
封面设计　资　源
美术编辑　金　宇　李雪菲
发行总监　王俊杰
开　　本　880mm × 1230mm 1/32
字　　数　100千字
印　　张　8
版　　次　2019年9月第1版
印　　次　2019年9月第1次印刷
出　　版　华文出版社
印　　刷　嘉业印刷（天津）有限公司
书　　号　ISBN 978-7-5075-5158-7
定　　价　40.00元

PUMA
PUMA
DO NOT ADD ADDITIONAL WEIGHT.
88
escape

炼·工场
PUMA
PUMA
DO NOT ADD ADDITIONAL WEIGHT.
88
escape

目录
CONTENTS

第一章
YUAN QUAN
源泉

有幸遇见懂我的你 / 李明源

做过了，不后悔 / 李明源

第三章 ZHUI GUANG 追光

演员之路，全新启航 / 李明源

第四章
GUANG MING
光明

感谢我所有的粉丝们 / 李明源

第一章 源泉

DIYIZHANG

Y U A N　Q U A N

生命好似永不休止的源泉。

在这个我们赖以生存的地球上，每时每刻，那么多人擦肩而过，那么多人并肩相守。

可是又有多少人，真心实意地拥有那份斩不断、切不掉的羁绊？

短暂的生命中，总会有一些人能读懂你的心灵。

漫长的岁月里，总会有一些人能揭开你心灵最深处的秘密。

这个世界上，有你，有我，还有一点点的了解。

——有幸遇见懂我的你/李明源

努力成为妹妹一辈子的好哥哥

十岁，是一个对这个世界半知半解的年纪，正是在那一年，让我内心触动最深的，莫过于我妹妹的诞生。

记得那一天，还在上小学的我第一次产生了无比复杂和奇妙的情绪。医院新生儿房的玻璃很凉，我却不管不顾，脸紧紧地贴在玻璃上，恨不得穿过那层近在咫尺的障碍去抱她，我的眼睛睁得大大的，一动也不动，生怕惊扰了婴儿床上的小可爱。

妹妹刚出生时红彤彤的，长得像一只小猴子，这是我对她的第一印象。

于是，我很不解地问："爸爸，这个就是妹妹？"

父亲爱怜地抚摸着我的头，轻声道："是，你以后就是哥哥了，做哥哥的要爱护妹妹，你能做到吗？"

妹妹蜷在枕头边的小手，是那么袖珍，那么脆弱，让我的保护欲更加强烈了。她的降临，让我们一家人充满惊喜、忐忑，以及对未来无限的憧憬和希望。

太奇妙了，只有真正见证过新生的人才能体会出属于生命的奇迹和伟大。那种感觉现在想起来还会回旋在脑海里，不曾散去。

"相信我，我一定会是一个好哥哥的！"我面对父亲，回答得斩钉截铁。

后来，我也兑现了诺言，成为别人眼里的好哥哥。

妹妹比我小十岁，从小就特别黏我。她一两岁时，我每天早上出门上学，她都会哭闹，藕节一样胖的小胳膊紧紧抱住我的腿，死活不让我出门。最好笑的是我蹲在地上系鞋带的时候，她小小的身子直接扑倒在我背上，一边干扰我系鞋带一边胡乱扒拉着，活像一个机灵鬼。一到爸爸妈妈给她剪头发时，家里一定会响起惊天动地的哭喊声，只要剪刀一换到我手上，她又会立刻雨过天晴，变脸速度相当惊人。她三四岁那会儿，会说话了，我在床上玩手机，她非要爬过来干扰，怒刷存在感，跟很多视频中的小猫小狗似的，企图争夺自己和手机在我心目中的位置。

“哥哥！哥哥哥哥……”她一撒娇，我就投降了，只得无奈地摘下耳机，将手机放在一旁。

她不说话，就甜甜地笑着一直注视着我。

“想搭积木了？”

妹妹摇了摇头。

“想躲猫猫了？”

她还是摇头。

“那你是想让我陪你画画？去拿笔来呀！”

妹妹不摇头了，又看了我一会儿，立刻跳下床“噔噔噔”地跑开了，还没等我下床，她捧着彩色蜡笔出现在房间门口。

简直拿她没办法，这个小调皮鬼。

不得不说，那时候她最大的爱好就是听我念小人书，用故事书哄她睡觉。

记忆中我和她的一次对话，令我终身铭记。

那是一个很平常的周末，听完美人鱼故事的妹妹还是不想进入梦乡，我只好认命地再拿起一本书哄她睡觉。

“很久很久以前，有一个小仙女为了体验人类的生活，自愿下凡，变成了人降生到这个世界上。”

妹妹忽闪着大眼睛，特别好奇：“小仙女是谁呀？”

我无言以对，天知道小仙女是谁。于是指了指书上的图画，告诉她小仙女就是画上长着翅膀的小女孩。

妹妹似懂非懂地点点头，于是我继续照着书念着：“小仙女的

妹妹是一个机灵鬼。

父亲，也就是天父。他告诉小仙女已经为她在人间挑选了一位最好的守护骑士。那位骑士将会等待她、照顾她，并且永远爱她……

“小仙女说：‘我听说人间有坏蛋，那么我会不会受伤害啊，究竟有没有人保护我？’天父慈爱地抱住小仙女，安慰她说：‘你的骑士将会变成你的保护伞，为了你，他甚至肯冒生命的危险。’”

听到这里，妹妹嗫嚅道：“原来骑士这么厉害！”

“天父继续对小仙女说：‘你的骑士以后会一直暗中联系我，跟我汇报有关你的事情，还会祈求我保佑你，愿我们一直与你同在。’

“小仙女听了，只觉得内心无比安详，她闭上眼睛，纵身坠入云中，飞快地向下降落，耳边甚至已经传来了人间的声音。”

听到这里，妹妹紧张地握紧了小拳头，我瞟了她一眼，忍俊不禁地继续念道：“就在这时，小仙女像

是忽然想起来什么，大声地喊道：‘我快到人间啦，你还没告诉我那位骑士的名字呢？’

“云中传来明亮而坚定的声音，那声音是这么回答她的：‘骑士的名字并不怎么重要，你姑且可以称她为妈妈。’”

故事讲完了，妹妹却坐了起来，认认真真地打量着我。

我合上故事书，奇怪地问：“怎么了？”

“我觉得不对，”妹妹摇了摇小脑袋，“我觉得那个骑士应该是哥哥。”

“啊？”

“动画片上的骑士都是男的，不可能是妈妈，只能是哥哥。可是……”妹妹一下子皱紧了小眉头，很不安地抓着我说，“可是人家不愿意哥哥为了保护我而冒生命危险，哥哥应该好好的！”

我突然意识到，在小孩子的世界里，好就是好，不好就是不好，没有成人多余的伪装。

那一刻，我彻彻底底地被她的童言震惊了，或者说，我是被这份不掺杂任何杂质的情感给震住了。心中油然而生一股强烈的使命

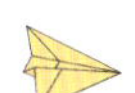

感，一种不可推卸的责任感：哥哥，就是要永远保护自己的妹妹！

后来，我们家的小仙女开始上幼儿园了。

年轻的骑士经常骑着妈妈的电动车，接送小仙女上幼儿园。

每次小仙女看见来幼儿园接她的我，总会洋溢着灿烂的笑容，一边挥手一边向我跑来，然后给我一个小小的拥抱，一个温暖人心的吻。可惜那时候“骑士”还在高中念书，因为学业忙不能天天接

送她。当妈妈去接妹妹的时候，她总会噘着嘴，特别不满地问：“咦，哥哥没来呀？”

妈妈曾偷偷告诉我，每一次妹妹发现我没去接她，她的话都会出奇地少，连妈妈给她买零食都显得有些意兴阑珊，垂着的小脑袋怎么都藏不住失落的小表情。

不只是我给予她关爱，同样，我们家的小仙女也会不吝啬她的关爱，经常做一些暖人心的小事。

记得有一天晚上，我回家实在累得不行了，居然躺在沙发上睡着了，蒙眬中感觉有个小小的人影悄悄靠近我，再接着一暖，原来是一条小被子盖在了我身上。

虽然当时睡得迷迷糊糊，但是潜意识里总感觉那一定是我的小仙女在偷偷做好事。

一些微不足道的小事，总能戳进人心，萌化整个世界。

人和人的缘分就是这么奇妙，血缘也很奇妙。有些亲人水火不容，有些兄弟姐妹成天不是打就是闹，无休无止地争执，同在一片屋檐下却怎么都处不到一块去，简直就像是生死仇敌，分外眼红。可有些呢，恰恰相反，好似上辈子就认识一样，感觉对方格外亲切，和睦融融。

ANDERSEN

有时候仔细想想，能有一个和自己亲密无间的手足，真的好幸运。她可以弥补你的孤单，在你需要时给你一个大大的拥抱，给你无声的支持，甚至在你看不到的地方默默关心你。

我从不曾有什么自私的想法，也从没想过自己要是独生子女会有多好。相反，我很感恩，正是这种没有隔阂，没有争执，有的只是脉脉温情和永远不变的相互关怀的手足之情，使我在一天天的成长中懂得也学会了感恩。

感恩这无常的世界，感恩这份兄妹之情，而这份情谊，也是我在亲情中最值得骄傲和幸福的事。

所以，感恩，新生。

每一个新生，都很伟大。

甜食篇

为小天使开一家甜品店，就叫Sweet

时间溜走，悄无声息。

六年，两千一百九十天，我从一个半大的孩童成长为一名少年，而妹妹也仿佛一下子长大了许多，岁月，像一场秘密到来的惊喜。

回首那些过往，只能感谢上苍，感谢相伴的点点滴滴，见证我们成长的痕迹。

一转眼，就到了妹妹的六岁生日。

感恩这份兄妹之情，这份情谊，是值得骄傲的。

全家人都会提前给妹妹准备惊喜。

玩具小火车在轨道尽头转过，“呜呜呜”地继续向前开，像是穿过色彩斑斓的梦境，驶向未知的、灿烂的、精彩绝伦的将来。

小火车，是父亲给妹妹准备的生日礼物。

从小到大，父亲一直说我和妹妹性格迥异，简直就像性格转换似的。她古灵精怪，活泼开朗，像个假小子，而我则腼腆安静许多，活像个大姑娘。

其实我内心对此评价还是颇有微词的，安静也可以是稳重，好吗？虽然还不到老成持重那份儿上吧，但稳中带皮，还是有的。

旋转的洁白的蓬蓬纱裙，远远看上去就像大一号的棉花糖，甜得人心都快要化了。

小白裙，是妈妈给妹妹准备的生日礼物。

“哥哥，你看我漂亮吗？”妹妹的小手拽着新裙子的裙角，高兴得转圈圈。

“那还用说？世界第一公主殿下！”我竖起了大拇指。

妹妹又问父亲：“爸爸，我漂亮吗？”

父亲抱起妹妹，高兴地咧着嘴巴感叹：“一转眼，我们家的小仙女长大了，都六岁了。”

妹妹也开心地笑着，忽然像是想起什么似的挣脱父亲，跑到我面前，歪着头问道：“哥哥，你是不是忘了什么东西呀？”

我故意挠了挠头，装作不知道的样子：“什么呀？”

“哎呀，你知道的，知道的！”妹妹噘起嘴，既想假装不在意，又迫切地想知道答案，纠结的小表情不知道有多可爱。

“好啦！忘记什么也不会忘记自己的承诺，今年生日答应给你做一个生日蛋糕，放心吧！”我蹲下来，轻点她的小鼻头，用力保证道。

可妹妹听了还是不满意。

她也想参与，给自己做一个生日蛋糕，并叫我从旁协助。

其实，对此我是拒绝的，可一对上那期盼的闪着小星星般的眼睛，我就知道自己……妥协了。

做蛋糕，我不是专业的，但肯定是用心的。

因为，凡事只要用心就会成功。

你用一种甜甜的心情去做一个甜甜的蛋糕，吃的时候，自然也会特别甜。

可惜，多了一个小捣蛋鬼，那么甜甜的心情就会稍微变一点点味道，变成甜蜜的烦恼。

我低头看向乱七八糟的桌面，还有那张小花猫一样的小脸蛋。

“哥哥，我做得好吗？”

妹妹说完，睁着亮晶晶的大眼睛看着我，只差在粉嘟嘟的小脸上写着“快夸我”三个字了。

看了看妹妹的杰作，我努力挤出一个真诚的笑容。平心而论，一个六岁的孩子在大人的指导下，能做成这样已经很不错了，可是这样犹如灾难现场的蛋糕，吃起来又未免有些勉强。

用纸擦掉她脸上的奶油和蛋清，我想了想，回答道：“当然好了，可是哥哥觉得吧，我们可以在好的基础上更好一点点，你说好不好？”

妹妹自然拍手赞成，享受完创造的过程，其实就已经足够了，剩下的事就交给我吧。

我挽袖，动作麻利地将桌子擦拭干净，就连用过的锅碗也重新刷洗一遍，系上围裙，亲自上场。

打蛋，分离蛋黄和蛋清，拌匀蛋糊糊之后加粉倒入电饭煲里，然后继续搅拌，10分钟后开锅加蛋清。电饭煲里“咕咕”冒着热气，套上隔热棉手套掀开盖子，嘀咕着蛋清还没好，不经意地一回眸，妹妹坐在身后不远的餐椅上，一边慢慢晃着腿，一边静静地注视着，目光里全是崇拜和信任，仿佛在我指间翩翩而动的不是厨具，而是画笔。

在她眼里，我仿佛无所不能。

她不会知晓，如今的熟练是多少次失败经历造就的。她更不会知道，我为此付出了多少汗水。为了给她这个惊喜，我总是在夜晚她睡着之后，偷偷来厨房练习，连妈妈看了都直说："辛苦，蛋糕嘛，买一个不就好了？"

可是买来的怎么能和亲手做的比呢？

烹饪不是一件难事，在如今网络飞速发展的今天，上网查一下，哪怕没有烤箱都能做出一个蛋糕。真正困难的是，如何让一个喜欢吃辣的人品尝甜食，并且要尝出好不好吃。

我想，我们总会为了某一个人，某一个颇具仪式感的节日，甘愿去学习，去妥协。

因为爱，是分享和包容。

为妹妹做蛋糕、做甜点，毫无疑问，我心甘情愿。

先将巧克力切成碎块，放进盏中，将它置于热水中慢慢搅拌至溶解为止，看着碎乱的巧克力块在透明的玻璃盏里一点点地融化，转身把做好的蛋糕倒出锅，侧切一刀，把刚刚调好的巧克力奶油填进去，用刀抹平，旋转着修边和裱花，最后撒上粗粒的栗子粉和香草粉。

妈妈进来厨房也不禁啧啧感叹：“你这做得可以啊，像模像样的，咱们家多了一位西点大厨啊！”

“还行吧，不知道吃起来味道如何。”我其实心里有点忐忑。

“哥哥做的，肯定是世界上最好吃的蛋糕！”妹妹笑嘻嘻的样子，让我不禁在她的小耳朵上轻拧了一下，看着她揉着耳尖傻乎乎地笑得像巧克力一样，心中顿时充满了甜蜜和温暖。

记得接受《明日之子》节目组采访的时候，被问到以后想要做什么，我曾说，关于未来，现在还为时过早，但是从小，我便有一个小小的梦想和心愿，就是为妹妹开一个Sweet甜品店。

对，没错，名字就是Sweet，因为我觉得，这就是爱的味道。

这样一个甜甜的梦想，不知何时才能实现。

年少不识愁滋味

时光如流水，一去不复返。

转眼间，幸福又快乐的小时候就离我们远去了。

有些片段熟悉而又难忘，那是关于小学、初中和高中的生活。

回忆把人带向远方，仔细想一下求学的日子，一天天一年年，时光看起来非常非常长，可屈指一算仿佛昨天刚刚上学，今天就已经不再是学生了。

校园，欢乐，童真，太多美好而又值得珍之重之的东西……

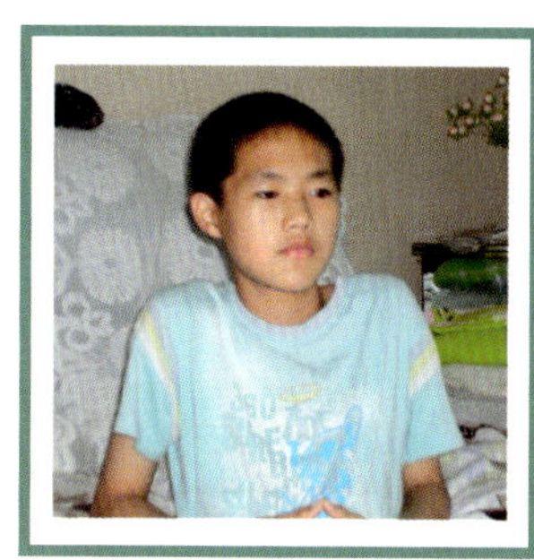

少年李明源

当年的熊孩子、好少年们，在记忆里，渐行渐近又渐行渐远，镌刻下留恋不舍的目光，让我妥善收藏。

多希望可以重生，可惜只有午夜梦回之时，才能窥得昔年少数的情景。

相信每个男孩子在那个年纪都玩过口袋怪兽、宠物小精灵，和班上的同学们一起学习，嬉戏打闹，无忧无虑。

那时候的每一天，都觉得时间跟蜗牛一样，无比缓慢，而现在的每一天都恨不得把每一分钟掰开了用，这就是成长的代价和改变。

小学五年级，我终于攒够压岁钱，小手一挥，买了一辆800块钱的黄色自行车。现在想起来都觉得豪气啊，可能我从小就对金钱没什么概念，有钱就花，大概是我终身不变的人生理念吧。

正所谓，身前不知身后事，浪得几时是几时。

风轻轻地吹，吹得眼眶兴奋得发热。我骑着小黄车进了校门。在那个年代，有小学生骑辆自行车还算是比较拉风的，况且还是亮黄色的，就像一道明亮的光，“唰”地从你眼前一闪而过。一路上不管是老师还是同学都纷纷侧目，关注的人不少。

我喜欢骑车的感觉，从小就喜欢。看着道路两旁的风景从身边飞速后退，那种感觉就像在时空隧道里穿梭，自由自在，无拘无束。

可是我猜到了开头却没猜着结局，我的小黄车一个星期之后就人间蒸发了。

和最喜欢的老师过招。

到现在我都没想起来，到底锁没锁车。

这种迷糊一直持续到初中，我重新拥有了一辆红白相间的自行车。这次，我还算比较谨慎，每次锁车时都反反复复来回检查，可是不知道是太迷糊了还是太不走运了，那辆车没过多久也消失了。

在学生时代，前前后后丢了七八辆自行车吧。对此，我觉得绝对可以荣获一个外号：自行车杀手！

大概，我的五行八字和自行车相克吧，哈哈！

每个人年少时，多多少少都会被人欺负过。

四年级的时候，妈妈说我也快要是个大男孩子了，于是送给我一个梦寐以求的PSP游戏机。

我太喜欢这个礼物了，像得到宝贝似的，PSP片刻都离不得身，恨不得一天二十四个小时都捧着游戏机。

所以，我自然而然地把游戏机装进书包带到学校去了。

那时候，同学们看见了，一窝蜂地围观，我被羡慕的眼光环绕着，心里美滋滋的，结果却是惊心动魄，万万没料到的。

放学后，学校门口冲出六个小混混，一下子把我给围住了，然后就听见叽叽喳喳一顿说。

“就是他，就是他！”我看见有人指着我。

“听说你有个PSP，拿出来给我们玩玩？”为首的一个高个子男生走到我面前，歪鼻子斜眼的，特别不怀好意。

显而易见，我要被“打劫”了。

我从来没想过会遇到这样的情况，不由得眼角一阵抽搐，紧紧抱着怀里的游戏机，心里又是后悔又是着急，生怕他们人多势众，把我的宝贝PSP抢走了。

见我不答话，站在原地不动，又有人说话了：“喂，借两天玩玩，别那么小气嘛。”

那时候，可以想象我即将面对的是什么，整个人发蒙，不知道下一步该求饶还是逃跑，脑袋里唯一想到的就是，哪怕挨揍，也要保住我的东西，不能让别人抢走。于是我死死地抱住PSP，如临大敌般地瞪着他们，心里悲壮得像个即将慷慨就义的战士。

“哥，别跟这小子废话，抢过来就是了。”

高个子听了不再犹豫，握着拳头，一步步向我靠近。

我一颗心都揪紧了，企图用眼神逼退他们。

“喂！你们要对我们的学生做什么？”

突然间响起的惊天嗓门儿，让我们都吓了一跳，于是齐齐回头。

原来是校务处的门卫大叔，万幸。

我喜不自禁地跑到他身后。

那群混混眼看计划被打乱了，虽然不想就这么算了，但架不住门卫大叔轰他们走，只得怏怏散去。

驱赶完那些小混混，我立刻给妈妈打电话，希望她来接我，并且告知原委，保证以后再也不把游戏机带到学校里来了。

小学毕业后上了初中，我在班上的成绩一直吊车尾，是老师眼里不受待见的“差学生”。童年时期我虽然长得很可爱，像一个卡通漫画里走出来的小男孩，但是老师不吃这一套。

老师关注的永远是你的学习，所以我并没有因为可爱的外貌讨到什么便宜，可能是PSP阻止了我，也可能是任督二脉一直没打通，总有股怎么学都学不进去的感觉。在班里的座位永远是后几排，在家里常常写复习卷子和背书到深夜。这一切，父亲看在眼里，急在心里。

焦急的何止他一个？其实最急的那个人应该是我。

父亲在我心里永远都是一座山，不倒的山。

我急，急得上火，急得冒青春痘。

可是有些事，不是急就可以解决的。

尽人事，听天命，努力下去，自然会有好的发展。

初三，我的成绩忽然之间蹿升到了班级前几名，从原来的吊尾生一下子变成了云端人物，不仅自己惊掉了下巴，周围的人也难以相信。

我突然从爱玩不懂事变得沉稳，经常习惯性地没有表情，老师对此颇感欣慰，父亲也百感交集地拉着我坐下谈心。面对这样翻天覆地的变化，我哭笑不得。

哪里是稳重，突如其来的一切，让我有些无所适从。

初三毕业，我因为成绩优异，所以不出预料地考上了市里最好的高中。

记得那天，父亲在家里为我办了一场升学宴，亲戚朋友都来为我祝贺。备考的压抑终于如开了闸一般地释放了出来，于是当晚和父亲都喝了点儿酒，我当时还算个少年，酒量不行，喝点儿就犯困，而父亲是真的乐坏了，喝大了还絮絮叨叨地拉着我谈心，大有一副以男人和男人的方式，坐下来平等交流的感觉。

父亲是一个地地道道的西北汉子，当过兵。家中排行老四，上有大哥下有小弟，从小就能吃苦，肯担责任。

他说："你生在一个最好的时代，不像以前那个动荡不安的年代，生存都成问题。所以更应该珍惜现在这份来之不易的条件，感谢国家，感谢党，能为你们现在的孩子创造一个和平稳定的环境，能让你们安安静静地学习。以前的条件不允许，可是就算如此，我当兵时也不忘记自学文化课和练习弹吉他。"

"我小时候，你奶奶养我的时候饭都吃不上，现在生活条件这么好，不努力是不应该的！"

这个关于努力生活，珍惜一粥一饭的道理，从小到大，父亲讲了无数遍，就连坐在一旁的妈妈听了都不免吐槽"够了"。

"够什么够？如果不是当初家里穷，我那时候就该是个大学生的！"

说着说着，父亲似饱含着无尽的惋惜，重重地叹了口气，不知道是为他自己，还是为我。

ORLANDO
ORLANDO MAGIC

我毕竟是看不得父亲悲春伤秋的，赶忙劝道：“好了好了，老爸，我知道了。您怎么学习不好说我，学习好了还说我呀？”

絮絮叨叨的父亲真的很可爱，简直像个老小孩。要不是聊了几个小时都不放人，导致我眼睛都睁不开了，我肯定会觉得他更可爱。

父亲听了，又语重心长地叮嘱道：“爸爸就是为你高兴，所以才说这些。你现在很好，可是爸爸希望你能一直这么保持下去！”

他的眼睛因为酒意被雾气染成一片，迷蒙得很，说出来的话却斩钉截铁。

我每天付诸行动的努力，便是期盼能得到父亲的夸奖和认同。

如今得到了，怎能不暗自窃喜？

“好，您放心，就算上了高中，我也一定会保持好成绩的。”

我笑了，父亲和母亲都笑了。

家人篇

未来我会成为你的样子

转折就像一个潘多拉魔盒，说开就开，塞到你手里就是你的，完全不给你选择的余地。

就比如，我上了全市最好的高中，成为一名高中生。

就比如，毛头小子一夜之间长大了，从一个懵懵懂懂的少年，变成一个大男孩。

就比如，高中毕业那年，妈妈去医院体检，不料被查出肿块，不得不住院。

幸福的一家

医院消毒水的味道，冰冷，沉重，让人喘不过气来。

医院里的人也是有颜色的，仿佛染上了一层尘埃的颜色。

那一年妈妈生病，全家都有点儿崩溃，因为一度疑似癌症。

安抚哭闹不休的妹妹，给予沧桑的父亲无声的支持，这些都是我力所能及的事。可父亲为了不耽误我学习，还是在百忙之中抽出时间接送妹妹上下幼儿园，回到家里，更是承担了做饭的任务，安排我和妹妹吃完饭后，便马不停蹄地去医院看妈妈。

在父亲眼里，我还是个孩子，也需要被照顾。哪怕自己心力交瘁，他也义无反顾。

我看在眼里，疼在心里，可我那时当务之急是学习，又能怎么办？

有时候，我也会烧一些菜，我们一家人会在医院里陪妈妈一起吃饭。

印象里，父亲皮肤略黑，又瘦又高，是全家人的保护伞，是我内心深处最崇拜、最想成为的人。他是一个原则性极强的人，固执且不会刻意逢迎别人，为了整个家，脚踏实地，一步步给这个家里的每一份子带来幸福，带来温暖。他仿佛是一棵根深蒂固、顶天立地的大树，永远不会倒下。

可那段时间，父亲一下子老了许多。

“老”这个词，对年轻的我很陌生，却切切实实地感受到了。

正是在这段艰难的日子里，我迅速成长了起来。

妹妹毕竟是一个六岁大的毛丫头，最初的不安随着时间过去后，又开始没心没肺地闹起来。

“爸爸，我要抱抱，我要抱抱嘛。”

有一次，她又在医院过道里缠着爸爸不依不饶，我二话不说走过去，拉住了她。

“别闹！”

两个字，却透出了和平常大不相同的意味。

妹妹注视着我，小身板忽然间打了个寒战，立刻老实了许多。

我清楚地从她眼中看到了明晃晃的畏惧。

她大概没想到我会从一个宠妹狂魔变成一个不讲情面的人，甚至比爸爸还不给她好脸色。所以从那时候开始，我身为兄长的威信在这种情况下不知不觉地树立起来了，而妹妹对我的感情也复杂起来，变得会缩头缩脑了。

谁都不希望纯粹的感情掺杂其他什么东西，可我又有什么办法去阻止这一切的发生呢？父亲太疲惫了，他既要照料妈妈又要照顾妹妹，我身为一个男子汉，怎么忍心让父亲承担所有的重担？

这是一个不是谁能力大谁就来担的问题，一家人，原本就是要守望相助的。

那段等医院最终报告的日子，真的万分压抑，我一直板着脸，内心默默承受着压力，连同学都问我怎么了。对此，我只是笑笑，说没事，是学习压力大。

不想别人也跟着一起担心，所以把一切藏在心里。

幸而，报告结果令人欣喜，妈妈只是长了一个小肿块，切除就好了，并不是一开始预想的那么严重。

当天夜里，我上厕所的时候，无意间瞧见父亲在独自喝酒。

一斟一饮，默默无声。

他的脸上，如释重负。

父亲是一个在生活中很朴素的人，不喜好特别贵重的东西，一切从简。就算有钱也不会乱花，后来我赚钱了，曾给他买过贵重的手表和皮带。

大概因为是儿子孝敬的，他万分珍惜，每一天都穿戴在身，和

朋友在一起的时候还会克制不住地炫耀："瞧见没，这是儿子给我买的，咋样？"

他是个不善于表达的人，很多时候，心思细腻，不怎么爱和人说道，只有在深夜独处的时候，才拿出来细瞧慢看，看完了，便再揣回，跟没发生过一样。

记得小时候，父亲对我的管教很严厉，印象最深的就是父亲不允许我随便拿别人的东西。熊孩子嘛，总是皮的，不服管教的时候，父亲对我也从不手软。

所以那时候的我对父亲又惧又怕，内心颇有怨言，但是现在看来，正是父亲在生活中方方面面的教导，才使我成为一个正直善良的人。对此，我很感谢他的严格教育。

因为我的性格、三观在他的影响下潜移默化地改变着。

从小他便如此，为我和妹妹树立优秀和正直的榜样。

长大后，我和父亲的感情越来越亲密，有时像父子，有时像兄弟，许多小秘密可以相互分享，我也不再像小的时候那样，见他就怕了。

当然他也不是一味地严格、令人惧怕，他也有很可爱的一面，通常，我们称这种情况叫 “反差萌”。

因为反差极大，才有萌感。

比如有一年过西方情人节，父亲下班回家，带回来一盆君子兰，并且装作不经意的样子，只说是送给妈妈的礼物。所以，他到底知不知道君子兰的寓意是纯洁正直的爱呀？这样含蓄又浪漫的表达方式，真的是我那个钢铁一般的父亲所为吗？

其实，父亲一直是浪漫的，是一个既懂风花雪月，又晓柴米油盐的男人。

当年他在部队的时候，就因为温文尔雅、多才多艺而受到女兵们的极大欢迎。试想一个相貌堂堂，又能歌善吉他的兵哥哥，比一些什么都不会的大老粗强上不知多少，怎么能不万众瞩目，受人追捧呢？

兵营里最不缺的就是阳刚，在这份刚得就要爆棚的元素里，突然添加了一份柔，效果是显而易见的。

鹤立鸡群，不缺慧眼识人的。

在妈妈的猛烈追求下，父亲从感动慢慢变成了心动。两个人排除万难，终于走到一起，后来更是建立起了我们幸福美满的四口之家。

父亲是诚实、善良、刚正不阿的，在我和妹妹的心中，他是一

爷爷生活在乡下，他想我的时候，会经常给我打电话。

位伟岸的英雄，不比现在电影里的蜘蛛侠、蝙蝠侠、钢铁侠差，这样的全能型选手，能成为我的父亲，对此，我感恩上苍。

那他就没有缺点吗？当然有！

他唯一的缺点就是脾气大，每当我学习成绩差、考试挂科的时候便会收拾我，我从小学到初二的学习成绩很不理想，一直到初三才开窍。当年考上重点高中时，我清清楚楚地记得电话那头传来父亲爽朗明亮的笑声和他那得意的自言自语：“我在看我儿子考上高级中学的通知书！”

这是父亲少有的情绪外露。

这样毫不掩饰的情感，真实地传染给了我。

他一开心，就会小酌几杯，喝多了，就会唱歌。唱的是那个年代里流行的经典歌曲，如《天堂》《父亲的草原母亲的河》。

他的歌，动人心弦，五音分明，一唱根本停不下来。家里亲戚聚会时，酒足饭饱后，大家经常会鼓动父亲现场来一曲，可见他的歌声多受欢迎。

感谢他的文艺天赋，全都遗传给了我。

感谢他的乐观努力，我不曾辜负。

是他——我们家里的核心支柱，让我明白了离开家的孩子才知道想家、思念家的感觉，哪怕只是赖在床上，心里也是满足的。

父亲的叮咛，母亲的牵挂，妹妹的笑容，无时无刻不在我心中萦绕。

思念很长很长，曾拥有过的岁月，曾拥抱过的时光，都是家的模样。

想着，念着，留住美好，永不相忘。

第二章 水晶

DIERZHANG

S H U I J I N G

青春就像买单时的钱，一去不回兜。

青春的眼光无须放长远，歧视就是歧视，天塌下来又怎样？懒就懒了，明天的事明天再说，爱就放肆爱，没有柴米油盐，还有风花雪月。

我们每个人都会在那段朝气蓬勃、永不回头的岁月里，觉得自己上天下地，无所不能。当然，这其中也少不了曾经的我。

幼稚的我，冲动的我。那个青葱岁月里，无忧无虑，勇敢而明灿的我。

——做过了，不后悔/李明源

“噢，你发传单的样子好帅！”甜蜜而烦恼的打工生活

每个人大概都经历过兜里没钱，但又总梦想着出去看看外面世界的时候。

初中毕业之后，我便陆陆续续开始在大排档、比萨店兼职，有时候，一天要干两份工作。

男子汉本就该早日独立，不给父母增加经济负担，这种想法不算孝道，而是为人处世的一种自觉。

随着年岁增长，对物质的需求也逐渐增加，有时候想换一个新的iPod（便携式音乐播放器），有时候想多喷一些发胶，让自己看起来更酷一些。

坦白说，当年也曾对父母有过怨言：凭啥人家都有零用钱而我没有?

而上高中的时候，一个月的零用钱也才50块，远远不够。

零用钱告急的时候，做兼职便是最好的办法。

要问尝试做过的工作里，最喜欢哪个，那我肯定回答——户外派传单。

很多人心生疑惑，派传单，居然做这么低廉的工作!

风吹日晒，也太辛苦了吧?

但是对于一位学生来说，这算最简单的工作了吧。

派传单，一接一递。

指尖和指尖的擦过，眼神和眼神的触碰。

不管你之前个性有多羞涩内向，干完这个活儿，肯定蜕变一新。

这个过程中，每一次都有新鲜的体验。

不管是发着传单，突然伸手扶街边的老奶奶过红绿灯，还是被街边小店的老板叫过去帮忙看十分钟店……每时每刻，都有新鲜事发生，比当服务员有趣多了。

有人说，人生即意外，所以才会对遥远的未来满怀期待。

众生百态，千变万化，我喜欢这样的遇见，我喜欢遇见一些意外。

或者说，是想要竭尽全力地学习，去感受一种夹杂着自由汗水的缤纷人生。

唯一让人困扰的是，每一次辛辛苦苦、专心致志地派传单，总时不时地有三五成群，或羞涩或大胆的漂亮妹子上前搭话。

面对来来往往的路人，我挂着职业性的微笑：“你好，传单了解一下？”

可结果……

“啊，你好帅！”

“小哥哥，能不能留个电话？”

“微信也可以，加个好友吧！”

“你渴不渴啊小哥哥，我去给你买瓶水吧，要喝什么？”

……

吹了吹额前的碎发，我想，大概自由的代价，就是这么甜蜜又烦恼吧。

所谓的英雄梦想，是为了成为一个真正的男人

看过一部电视剧《春天里》。剧中人演绎了生活中真实的辛酸和挣扎，令我心酸动容、五味杂陈，晚上翻来覆去地睡不着觉。

于是，便有了这篇文章的诞生。

我小时候脾气不大好，好打抱不平，容易冲动。貌似每一个十几岁的少年都有这样的感受，嫉恶如仇，直爽莽撞，而我只是特别严重而已，仿佛都已经不是热血了，而是每天像打了鸡血一样，浑身有释放不完的活力和激情！

在梦中，我是飞檐走壁、神功附体的侠客，在江湖里快意恩仇。

现实中，我是晚上在大巴扎（排档）兼职的服务员，负责点菜上菜。

大西北的白昼很长很长，天尚未黑，晚间排档便已经在马路边拉开序幕。

烤馕、馕坑肉、炸鱼、拌面、各色烧烤的味道，一溜烟地蹿入你的鼻腔，美食的诱惑让人无法抵抗。

大巴扎是我们当地的特色，也是最接地气的集市，一个个掩在夜色下的排档摊铺更像是江湖。

沉浮在这样的江湖里，惊奇绚烂，仿佛离成人的世界又近了一大步。

为此，我不觉劳苦，反而沾沾自喜。

刘哥是镇江人，嗓子是陈年的老烟酒嗓。老实说，对他，我既佩服又好奇，难为一位江南人士千里迢迢跑到新疆开大排档，推广平民美食。

要知道，在新疆，开汉族餐馆的一般都是四川人，而川普，仔细听还是很容易懂的。

假如你在打工的时候，凑巧遇到一位老板讲的是你完全听不懂的方言……

那么恭喜你，你FM（调频）他AM（调幅），不但永远接不上频，而且容易产生美丽的误会，嘴巴在一开一合间就自动开启了HARD（困难）通关模式。

一开始，他也听不大懂我讲的普通话，太不标准了，所以我们两个中国人你看看我，我看看你，用手连比带画地猜。

那情境，现在回想起来都好酸爽，感觉自己像一个傻子。

书上说，万事万物，日渐磨合，方见圆满，方得始终。

一直不大明白这是什么意思，直到做这份工作才使我体会到其中的深意。

大排档的工作一开始焦头烂额，不忍回顾。

不是上错菜了，就是开瓶器崩到手，还有不小心打碎盘子。

刘哥虽然骂过我，但还是颇具耐心地提点我这个年轻人。

磕磕碰碰几天后，彼此也在工作中迅速熟悉起来，语言障碍也慢慢消失了，我又累又庆幸，一切似乎都在往好的方向发展。

兼职的工资是日结的，每天五六个小时，每天60块。

第一次拿到薪水的时候，回家的路上我又蹦又跳，直到跳累了，再也没力气了，脸上才露出一丝说不清的酸涩。

内心一直认为，除了学校和功课，更想让外面的世界尽快接受自己，聪明勤奋不是问题，欠缺的只是机会而已。

好像这60块钱代表着尽快成人的梦想，又代表着社会对于小小的我的认可，无限憧憬，无限希望。

怕不怕学校里的老师和同学知道呢?

当时没多想，又或者侥幸，反正他们很少吃大排档这种夜宵摊子。

服务员不是那么好干的，尤其是在热火朝天的环境里。

后厨的忙乱，食客的嘈杂，分分钟逼疯你。

以至于每天打烊之后的一个小时内，耳朵还有嗡嗡的幻听。

当时在后厨帮工的许阿姨，可能她看我年纪小，起了怜爱之心，所以在我忙得不可开交时，一直多加帮扶。更令我感动的是，在收摊之后，她总会给我留一份好吃的。

她不仅仅像同事，更像一位亲近的长辈。

“小李，你太瘦了。快过来，多吃点儿。”她总是这样说。

吃着许阿姨做的肉丁炒面，工作上的疲惫一扫而空。香喷喷的面条，加足了辣子放足了肉，浅底的盘子，盛满的是一份浓浓的散不去的爱。

“小李，手怎么破了？干活不仔细了吧，来，阿姨这里有创可贴。”

我闪躲着手，有些不大好意思，又不是小孩子了，一点儿小伤算不得什么。

可那样质朴的眼神，那样温暖的善意，谁忍心推开，谁不想拥有呢？

我到底还算一个少年。

一个少年，尚算青涩，不大懂生活的不易，不知该如何应对这个多变的世界。

那天晚上，和往常并无区别，可那天晚上，却让我铭记一生。

生意正旺，我才从后厨拿了两瓶冰镇的红乌苏出来，就撞见一个客人叫住许阿姨催菜。

那个客人面红耳赤的，一看就是喝多了，胳膊上的文身衬着他的白背心，分外狰狞。

“老子的烤串到底什么时候上？”文身哥拍着桌子，凶神恶煞的说道。

许阿姨忙说去催，可文身哥还是拉住她骂骂咧咧，连老板刘哥都出动了，赔着小心安抚他。

文身哥根本不搭理刘哥，打着酒嗝指着许阿姨就骂："刚才就是她给我上错了酒，老子点的明明是红乌苏，她却给我绿的，什么意思？你们一个大排档也不给我面子是吧，瞎了你们的狗眼，晓不晓得老子是干什么的？"

干什么的？找碴的呗，还不够明显吗？

我深深呼了口气，大步流星走了过去，一把拉开他抓着许阿姨的手，把本来该给别桌送去的红乌苏重重地放在他面前的桌上。

“您的酒来了！”我目不斜视，笑了笑。

刘哥和许阿姨面色都变了，全然没想到我会这样做。

可当时我顾不上别的，只用眼睛示意了一下许阿姨，希望她赶快离开这个是非之地。

“小子，你谁啊？”文身哥啐出了嘴里的牙签，皮笑肉不笑。

“我是这里的服务员。”我盯着他，理直气壮地说道。

文身哥猛地站起来，推了我一下。“你一个服务员跩什么跩，找死啊？”

许阿姨赶紧拦在我面前，不断向文身哥道歉，刘哥却颤颤巍巍的，愣是在一旁闷不吭声。

“大哥，孩子年纪小不懂事不会说话，您千万别介意……”许阿姨谦卑地说着，就差没跪地上了。

我实在看不下去，一颗心仿佛泡在醋里。我想不明白，我们到底有什么错？

就在这时候，文身哥突然发力把许阿姨推到一旁，幸好刘哥及时扶了她一把，不然就不止一个趔趄了，肯定要摔啊！

过分了！

怒火瞬间烧着了我的眼睛，脑中一片空白。

“咔嚓”，桌上的啤酒瓶碎了。

那声音，惊得人一抖，又像刀尖狠狠划过心脏的声音。

之后发生的一切，我记不大清了。

拳脚，疼痛，眼泪，快意和惧怕，混淆凌乱。

一幕幕，像电影镜头一样缓慢，又像梦境一样遥远。浑浑噩噩，直到上了警车，才回过神，才感觉到痛。

想尽全力去维护一个对我好的人，这有错吗？

或许我从未想过这辈子能进公安局，毕竟在父母的正统教育里，进公安局就跟天塌下来一样。

多坏的人才能进公安局啊？

小偷，骗子，强盗……

我是谁？

看着自己沾满血的双手，我陷入了惶恐和迷惘。

那个玻璃酒瓶……

文身哥被警察带到医院去包扎伤口了，只受了点皮肉伤，私了。由于我未成年，被警察叔叔严肃教育后，责令父母带回家管教。

或许因为愧疚，又或许因为觉得丢人，我一直低着头，不敢看脸色黑如锅底的爸爸，更不敢回应妈妈的关切询问，只是一味地沉默不语。

出了公安局大门，意外地看见等了一夜的许阿姨。

许阿姨看见我，哭了。

她先是向我爸爸妈妈道歉，又摸了摸我鼻青脸肿的脸。

“傻孩子，疼不疼？”

我说不疼，可不知为什么，眼泪却突然落了下来。

我死死抱着许阿姨，把止不住的泪水压在她的肩头，仿佛这样，就没有人能看见。

眼泪，半凉半热，身上的伤痛不及心里的。

我终究不是大侠，只是个莽撞冲动、会害怕的少年。

生活不允许任何一个人肆意妄为，以暴制暴更不是大侠所为。

所谓的英雄梦想，在现实面前，瞬间灰飞烟灭。

这事之后，服务员的兼职就此告一段落……

有时候，回想起当年，偶尔会发一会儿呆。

到底为什么会在公安局门口哭呢？

疲惫不会，拳脚也不会，爱，却会。

也许尝过苦涩，学会克制，才能成长为一个真正的男人。

在那远方，一杯敬大理，一杯敬自己

旅游，应该是什么样子呢？

不是所谓的逃避生活，而是用眼睛，用心，用另一种角度去看世界。

古城，应该是什么样子呢？

弯弯的青石径，细长的巷子，头顶是白云蓝天，眼前是栖息在枝丫上的燕子。

一座历史延续至今的古城，仿佛能令时光回溯。

去体验，去触碰，一段完整的记忆。

那座古城，就像这样。

它是86版《西游记》里的女儿国，它是南诏国的都城，它是白族的圣地，它是许多人心目中的理想国。

有百姓有游客，有孩童有老人。

现在的，历史的。

真实的、艺术的、古朴的、纯粹的，包罗万象，甚至有麦当劳、星巴克。

我自从在网上、电影里看见这座城市，就心心念念着想去。

人生的宏愿离不开钱，假如一个大学生囊中羞涩该怎么办？

“可以穷游或出游时当义工，听起来挺怪的！”

“哦，怎么说？”

“就是免费给客栈老板打杂啊，老板包你食宿，不忙的时候就可以自由活动啦。”

一次和大学寝室的哥们聚餐时，他们的闲谈无意间揪住了我的心，于是乎，悄悄竖起了耳朵。

“也就是说等于省了房钱和饭钱呗？”

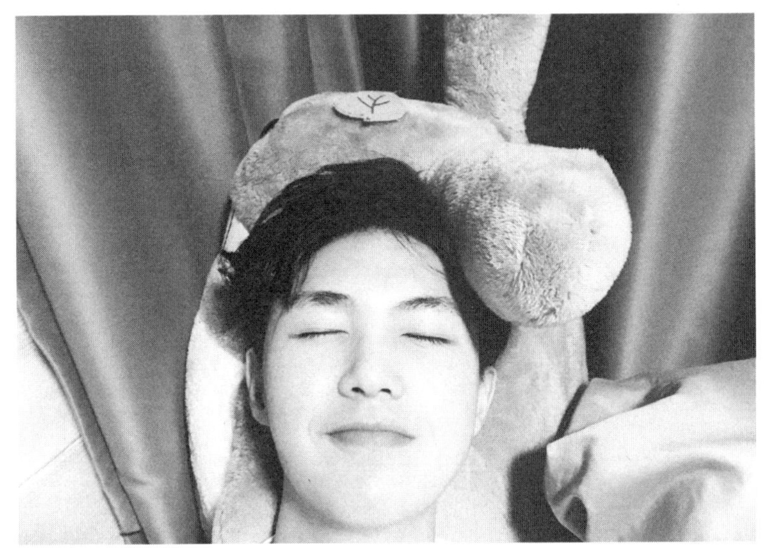

“BINGO（猜中了），就是这样。咳，你说出去玩就纯玩呗，还当店小二，能玩好吗？”

自从得知这个宝贵的消息，我的整个心都在悸动，恨不得一拍大腿，喊一声：“大理，哥来了！”

寻寻觅觅，终于在网上联系好心仪的客栈，就在洱海附近的一个村子里，离大理古城很近。老板娘貌似是个话很少的人，得知我的个人信息后，连照片都没要，便干脆利落地答应了。

我不禁在心中为自己的好运暗喜。

Yes（是的）！

抵达大理的时候，没有刮风下雨，天气好得很。

老天这样善待我，满足了我一切的初见憧憬。

我在明晃晃的阳光里遇见了红姐。

慵懒的，迷人的，纤细的，阴晴不定的好像天气的年轻女人。

风轻轻吹过，朱砂色的裙摆摇曳在空中，像是一团燃烧的烈焰。

红姐，穿着红长裙的女人，正是客栈的老板娘。

她倚着门框，淡妆，黑色的长发，在阳光中极为醒目。

她看见我时有那么一瞬的惊讶。

我有些紧张，但还是开着玩笑，希望气氛轻松一点：“嗨，老板，没想到会请到这么帅的店小二吧！”

她嗤笑了声，眨眨眼：“没想到请到那么自恋的店小二。”

为表诚意，红姐说要亲自下厨，弄一锅松茸土鸡欢迎我。

这可太好了，可是还没来得及高兴，红姐又拉我到院子里，指着一堆木头让我坐下。

我正一头雾水，红姐递了把斧头过来。

干吗？我不太敢接斧头，暗自吐槽这是什么节奏。

红姐用鄙视的眼神看着我：“不劈柴怎么生火，不生火哪有饭吃？”

“没有煤气吗？”我瞪着眼睛四处研究起这个古色古香的小院落，恨不得瞪出一个现代化来。

“这是大理，原生态。不劈也可以，那你就别吃了。”红姐促狭地笑。

接风宴还没吃就开始干活，社会，太社会了。

我认命地坐下来，劈柴。

没想到灶台真的是瓷砖砌成的土灶，往里面添柴的那种，起火的时候手忙脚乱地又弄了个灰头土脸，略显狼狈。红姐让我在厨房里给她打下手，洗洗菜，切切菜。

几个小时后，柴火灶台炖的松茸土鸡出锅了……

色香味俱全，松茸是苍山野生松茸，一听就觉得特别养生。红姐一边吃一边教我认识牛肝菌、芝麻菌、鸡枞菌等各种山珍，还告诉我苍山上长着一种微毒型蘑菇。这种蘑菇十分美味，是白族人民的家常菜，他们从小就吃，但是起码要沸水煮上20分钟以后才能吃。因为这种蘑菇在人手采摘时会立刻变色，所以人称“见手青”。很奇特的名字，我暗自吐槽着：再好吃也得注意些，这种平常人吃多了很可能导致幻觉的毒蘑菇还是少碰为妙。

说起来，整只土鸡也是超级鲜美的，和超市冰冻的就是不一样，吃起来别有滋味。这顿饭，使我觉得特有成就感。毕竟柴火是我劈的，菜也是我切的嘛，嘿嘿，所以迅速光盘。

饭后我抢着刷盘子刷碗。开玩笑，我以前可是干过服务员的好不好，哪能让女士干活呢？

客栈是座三层小楼，一层是厨房、饭厅和酒吧，二三层住人。红姐在二楼给我开了个单间，干净简洁的房间似乎还充满白天阳光的味道，太让人满意了！真没想到，义工的待遇这么高啊！

晚上，抱着铺盖卷上楼的时候，突然被拐角盲点处蹿出来的黑影吓得后退了一步。

铺盖卷险些掉在地上，我正手忙脚乱，楼梯口传来“噔噔噔”的脚步声。

红姐懒洋洋的声音随即在我身后传来：“啊，没事，是二大爷。吓到你了？”

二大爷？

我低头和小黑狗四目相觑。

它盯了我半刻，然后一声不吭地摇了摇尾巴和红姐下楼了。

第二天早饭后，红姐给我上岗培训了一番，我便迅速融入了当义工的生活。

义工，无非就是清扫房间和帮忙采购搬运东西，男义工更得手能挑肩能扛，比想象中容易多了，自由放风的时间也很富余。

毕竟是旅游城市，不能和生活光速的大都市相提并论。

自由和舒适，宁静和安闲，一切慢下来，慢慢，慢慢地来。

清晨打开窗子，前方洒下的曦光，像一个长发美女在舞扇。

晌午，庭院里的格桑花、多肉盆栽，每一个角落映在眼底，都让人心田变得跟棉花一样柔软，面露笑意。

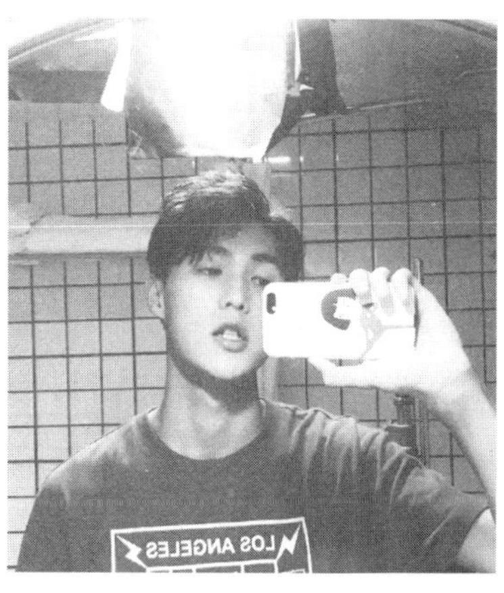

傍晚，拿着相机去洱海旁一通“咔咔咔”，向海鸥招手，吻别晚霞。

走过很多路，去过不同地方，大概这世界上有数不尽的风景，所有景象却因回忆变得愈加美丽。

所有的都美丽，除了在清扫退房客人的厕所时。

戴着手套，从浴缸水槽里掏出一坨又一坨头发，吐槽技能瞬间被加满：从来不知道一个男的可以掉那么多头发，哥们，生发液了解一下？

每天最期待的时刻，就是红姐去古城买菜，回来后研究一下今天吃什么。

喜欢下厨的，肯定是乐观的、热爱生活的人。

红姐比我年长七八岁，笑起来天真得像个孩子，常常语出金句，是一位高能段子手，每次都能逗得人哈哈大笑或者怼得人无言以对。

比如：

“小李，我才发现你长得挺干净的。”

这……我长得不干净，难道还脏啊？

只能尴尬而不失礼貌地微笑，呵呵，尬笑。

“哎，红姐，为什么二大爷那么乖啊？你是怎么教育的？”我轻轻撸着二大爷背上的毛，由于经常去超市买火腿肠给二大爷加餐，这使它变得更加狗腿子了，超级黏我。

红姐冷冷地瞥了我们一眼：“不乖，它能活到现在吗？”

纳尼（韩国话音译，代表惊讶）？这阴森森的表情，感觉在危险的边缘试探哪！

“红姐，为什么你给他起这么个名字啊？”我不解地问道，心说别的主人给宠物狗起名字，不是都叫阿福、旺财之类的吗？

“当初捡到它的时候，它还在路边瑟瑟发抖，跟了我后，它的狗生发生了翻天覆地的变化，除了吃就是睡，彻底成了一个二大爷。不叫它这个叫什么？”

“……”好吧，你赢了。

人就是那么矛盾，朝夕相处后我不再害怕二大爷，喜欢各种小动物的我，对二大爷特别亲，狗是人类最忠实的伙伴，特别通人性，明

白人的喜怒哀乐。二大爷会在我回客栈的时候摇尾巴欢迎，会在我出门的时候依依相送，太惹人疼了。

而红姐呢，有时很忧郁很寡言，并不像做饭时那么开朗阳光，是个说变就变的女人，一如初见时的感觉。

她喜欢喝茶，我在楼上都能闻到淡淡的普洱茶香，蓝牙音响里放的歌都蛮小众的，而且一发呆就能很久，有一次我偷偷观察，她居然二十分钟一动不动，真是个奇人啊！

庭院里的万年青好像永远不会衰败，每次打扫完后，我最喜欢的就是和客栈里的客人聊天，偶尔也趁红姐不忙的时候和她聊聊天，虽然每次都会被她揶揄，被怼得脸红。

在这里，不会像在大城市里那样，总觉得时间不够用或者感伤时间的流逝，一切都是那么合适美好，和那些满怀故事的旅客畅聊，理解了许多过去没有办法理解的事。

在这里，随意自由，好像每个人都有每个人的活法，无须去用世俗的眼光置评，祝福就好了。

记得有一天晚上，客人不多，我和红姐在吧台里聊天。聊得开心了，红姐忽然给我调了一杯酒。

酒入喉，热辣，绵柔。

二大爷闻着酒味，仿佛也醉了似的把头搁在我的膝盖上，昏昏欲睡。

我摸了摸二大爷，问：“这酒有名字吗，叫什么？”

“大理。”

“好名字呀！”我笑着又继续喝，慢慢回味着。

“你为什么来大理？”她挠了几下玻璃杯，状似不经意地问我。

“想来就来喽，哪有那么多为什么？”我转过头，半是玩笑半是认真地问起：“你呢，红姐？怎么想到在这里开客栈的，是因为实现理想，还是为了打破平凡生活成就另一番景致啊？”

“因为一个人。”她抬起头，看了眼月亮，喝了口酒。

我瞧着她的表情，突然不知道说什么好。

气氛有些微妙。

我聪明地闭上了嘴。

每个人大概都有禁不起刨根问底的往事，何必太认真！

此时此刻，还是让它们都一点点地化开在酒里吧。

我眨了眨眼，举起杯子向明月：“敬大理。”

红姐也笑了，眼睛里似有星光闪过，又像是我眼花。

红唇一弯，无尽风情。

敬，大理。

有首歌叫爱，想唱给你听

大学期间，我做了一份兼职，酒吧歌手。

酒吧，五光十色，鱼龙混杂的地方。

光影明灭，灯烛朦胧。

来这里的每一个人都各有所需，各有释放，而我只想单纯地去品味音乐给我带来的每一分寂静和躁动。

是的，唱歌使我愉悦。开嗓，音乐起，思绪和感觉，天旋地

转，仿佛在海上徜徉一样自由自在，我恍惚变成了一条鱼，一条只有几秒记忆的鱼。唱完了，过程我都忘了。歌声，它是我表达情愫、宣泄心声的最佳方式，习惯在这种过程中摄取一种新生的力量。我也乐意看到来听歌的人脸上因我而洋溢出来的快乐，听见他们源源不绝的掌声。

独山子大巴扎那边的几个酒吧，基本是一场2个小时一结工钱。

除了当驻唱歌手，其实我更习惯背着吉他穿梭在酒吧一条街，

跑跑场。换一换不同的酒吧，在不同的时间段唱唱歌。

除了吉他，我还会带着歌单。上百首歌的歌单都是自己一笔一笔记下来的，不然演唱的时候哪记得住那么多歌，认认真真对着曲谱唱，是对台下观众最好的尊重。

来酒吧的客人大多喜欢听文艺一些的民谣，比如李志、马頔、宋冬野、赵雷、花粥、陈粒、谢春花等，哦，对了，还有野孩子、丢火车、留声玩具、贰佰、好妹妹等民谣乐队。

虽然我比较喜欢唱一些情歌类型的歌，但毕竟来酒吧的客人不都是情侣，也有很多单身的来听歌缓解情绪的，所以文艺舒缓的民谣是最佳选择。

不唱的时候，等开场的时候，我都会捧着笔记本，咬着笔帽，苦苦思索着歌词。有时候灵感一来，便动笔写一两首歌。至今回想起来，笔尖在纸上轻轻划过的声音，依稀是最引人陶醉的天籁。

冬天总是寒冷的，酒吧里却似乎永远感觉不到寒冷。一次中场休息去洗手间时，隐隐听见隔壁女厕传来一阵哭声。

视线向上，黄铜的水龙头，插着藤球的海洋香，玻璃镜面清楚地映出我一脸的错愕。

谁呀？这是我的第一反应。

跟男朋友吵架了，失恋了？这是紧跟而来的第二反应。

就算失恋也不用躲厕所里哭啊，来酒吧不就是听歌缓解情绪的吗？女孩子情绪化起来果然惹不起啊！

洗手，烘干净，从男洗手间出来时，正好撞见一个眼睛红红，半低着头的女孩。

那女孩抬眼看到我，眼神发直，顿时满脸通红，走也不是，留也不是。

她有一双不大却很透亮的眼睛，在黑框眼镜和白皙皮肤的映衬下，显得更红了。身材不算纤细，微胖，穿着一件黄色大毛衣、黑色长裙和一双小白鞋，年龄大约二十岁。

我干咳一声，看着她眼角的泪痕，递出一包餐巾纸。

女孩接了，很不好意思地小声说了句："谢谢。"

我自始至终都不知道女孩身上发生了什么，可之后兴许是这偶然而发的小小善意，使她经常在酒吧出现，她总来听我唱歌。

她小小的，总是不引人注意地、安静地坐在一个角落里，静静听歌，仿佛周围的熙熙攘攘和她无关。总点一种无酒精的Virgin mary（圣母玛利亚，一种酒的名称）喝，我猜想她大概很喜欢西红柿吧。

时间久了，连和我关系不错的酒保哥都认识她了。

员工休息室里，一只手伸了过来，按住了我的换衣箱。

抬头，酒保哥正冲我挤眉弄眼。怎么说呢？那表情更像是贼眉鼠眼，哈哈。

“可以啊，长得帅就是不一样啊，这么快就有妹子喜欢上你了，天天来捧你的场！”

我一下子挥开他的手："就不能是单纯地喜欢听歌吗？再说了，你怎么知道人家是为了我来的，这里唱歌的可不止我一个。"

"哥哥我什么眼神啊，火眼金睛好吗？"

"哦，原来你是猴子啊！"我憋笑。

"嘿！"酒保哥不轻不重地捶了我肩膀一拳，翻了个白眼接着道，"你小子还别不信。说不定改天就送你礼物，送你花送你红包什么的，人家是又把你当男朋友又追星，把你当大明星啦！"

"我又不是什么大明星，只希望简简单单唱歌，有人喜欢很好，没人喜欢我也会继续唱，不想搞那些没用的。"

虽然嘴上那么说，可只要是人就会有虚荣的一面。听见酒保哥这么说，其实内心还是有那么点儿小窃喜的，被认可、被追捧的感觉会使人飘飘然，一颗心仿佛云里雾里。可更多的时候，我却在想，这个女孩子到底是因为喜欢听我唱歌而来的，还是那天给了她一包餐巾，她因为这一份无关紧要的善意，充满感激才来的？

前者，我必定会打从心里高兴；后者，会失落，更觉得像被同情了一样。

之后某一天，还像往常一样继续唱歌。当我的目光不经意间朝台下逡巡的时候，凑巧看见了那个不知名的女孩朝我笑了笑。

Ance
Studios

Ance
Studios

我眨眨眼，视线随即落向窗外，拨动琴弦，继续对着麦克风唱着：

下起了雨，你感到冷吗？
看到窗前迷人的黑色吗？
忧伤的人，忧伤都写在脸上，
忧伤只是为了说谎……
四季轮替，你觉得累吗？
面对黄昏你还有信心吗？
还是搞不懂，忙忙碌碌为了什么？
什么都别说，重复是你最好的选择，
选择颠覆盛世的荒唐。
下起了雨，在你的心里，
下起了雨，在你的怀里……
下起了雨，在你的眼里，
下起了雨，在你的心里……下起了雨……

歌声飘散在夜中，忽然间，下起了雨。

唱了几首曲子，终于换我下台了，去吧台要了杯度数不高的酒暖身子。酒保哥从吧台里拿出酒和杯子，给我倒了一杯,然后又自己倒了一杯，一边喝一边不动声色地使眼色。

“你眼睛不累啊？”我凑近他，打趣道。

他恨铁不成钢地瞪着我，眼神恨不得戳我一个窟窿，见我无动于衷，又拼命用嘴向一个我分明已经很熟悉的位置努了努。

我对他笑了笑，随手又拿了个酒杯，加了几块冰，倒了一点儿酒给自己，而后一饮而尽。

有时候，装糊涂省事。

其实自我下台便知道，那个女孩的眼睛一直追随着我。

想问问那天她究竟为什么躲在厕所里哭，可这不是哪壶不开提哪壶，给人家添堵吗？又或者仅仅过去打声招呼，可细想一番，又觉得突兀，更怕被理解成调戏，毕竟人家是来听歌的客人。

怎么想都不大合适，有点儿不尴不尬的意味。

“干吗呢干吗呢，喝酒壮胆啊？”酒保哥看我一杯接一杯，又嘿嘿地笑着。

“下雨天喝几口，身体暖一点儿，舒服。”我实在懒得和他拌

嘴，索性也不喝了。

酒精灌到肠道里不光暖，更容易醉。冬天的雨水通常都是猝不及防地来，不知收敛地倾盆而下，压抑的，冰冷的，仿佛永无止境似的。可能是喝了点儿酒的缘故，我并不觉得有多冷。

背着吉他走出酒吧，大门口垂下来淅淅沥沥的雨帘随着一道风刮到脸上，我顿觉凉丝丝地打了个寒战，心里默默吐槽着：早知道

就不唱李志那首《下雨》了，谁能想到随便唱一唱都能唱出一场雨来，又不是萧敬腾，够倒霉的，看来今晚串不了场了，还是早点儿收工回家为妙。

拿出手机准备打车，却恍惚看见那个女孩在马路对面。这不是关键，关键是她在雨里淋着，冰冷的雨水大股大股顺着她的脸流淌而下，雨太大了，仿佛能把她整个人淹没。

这……这是闹哪出啊？生病了可怎么办？我犹豫了一下，转身回到吧台拿了把伞，准备给她送过去。

正当我一只脚跨出大门的时候，看见她走了过来，同时一辆大卡车呼啸而来。

我想也没想便冲了过去。

“嘀——”喇叭声轰鸣而过，伞掉在地上，我已然一个用劲，拽住了她。

人有自我保护机制。`

极度恐惧之下，肾上腺素会分泌到极限，这种刺激绝对能直接开启大脑的应激反应。

“这么大的雨，不知道看路啊？”我几乎是大喊大叫。

回头看着卡车在雨幕中远去，过分用力的胳膊在一阵阵发抖，仿佛雨水打在身上都不再那么冷了。

距离很近，她微微仰起头，看着我，可我看不清藏在起雾镜片后的那双眼睛。

我顿时冷静下来，有些不好意思，暗恼自己怎么好意思冲一个姑娘吼呢？赶紧松开她，并且捡起伞，把伞塞到她手里："对不起，抓疼了吧？我太着急了！"

她接过伞，犹豫了一会儿，小声地说了句什么。

雨太大，根本听不清，于是我提高了声音："你说什么？"

"你下周还来唱歌吗？我怎么还你伞啊？"

她一大声，我便愣住了。

一瞬间，仿佛万籁俱寂，明明是隆冬，明明冰雨滂沱，却让人觉得整张脸都快被点燃了。

道路两旁的路灯夹杂着雨丝，带着一种隔世的恍惚。

"谢谢你的纸巾，谢谢你的歌。"

明明雨水那么冷，却感觉头发丝儿都要烧着了。

"我现在没那么难过了。假如你继续唱的话，我还会来听你唱歌的。"

她一边说着一边撑起伞，然后吃力地踮着脚，举到我头顶。

心中的感动难以言喻，无数复杂的情绪冲击在脑中。其实生活中，只要是人，便会多多少少触及黑暗，学会很多东西，也变得越来越会保护自己。经历了之前的打工生涯，进过公安局，也见识过人心。还有什么能比这个更让我有所改变的吗？

可是，当这样一份坦然的纯粹摆在你面前时，怎么能不动容？怎么忍得下心不动容？

我看着她，仿佛过了许久，又仿佛只过了那么一小会儿，终于开口道：“不，是我该谢谢你。谢谢你让我知道，我居然有这种让人走出悲伤的超能力，谢谢。”

一包纸，一首歌，一场雨。

让我忽然发现一件事情。

当你懂爱的时候，爱必然会反身拥抱你。

DISANZHANG

ZHUI GUANG

从歌手到演员，一直是我做艺人的梦想。

对演员生涯的好奇和期待，试戏中频频受挫的失落，表演得到认可的喜悦，种种情绪交织融合，我开始了自己的演员之路。

从傻傻愣愣不会抓镜头的菜鸟，到情绪收放自如的新人演员，每天都会离心里那束光近一点。

此去山长水远，借我一匹梦的马，给你更好的李明源。

——演员之路，全新启航/李明源

抉择篇

在直播中被人发掘，从此和《明日之子》结缘

如今的网络发展之快是十年前难以想象的，每个人都在各种各样的平台上展示自我，期待得到他人的认可。才艺也好，外貌也罢，甚至揭露身边的新鲜事，通过各种渠道，大家能更快地打开有限的视野，清楚地接收到更多未知的信息。

大学生活中，有一次一个好朋友教我玩一个APP，我觉得新奇又有趣，于是就发了一条自己的唱歌视频。

第一次对着手机录音，我什么也不懂，也没有刻意打扮。那时候不知道要准备什么专业话筒，不明白怎么用打光板给自己打出“苹果光”，就这么随着伴奏，简简单单清唱一曲。

这次的无心插柳，没想到立刻就被注意上了。

他们给我发了一封私信，邀请我去报名参加网上的一个歌唱选秀，这就是《明日之子》的海选。在这个APP上有很多人发视频发作品，选人可谓万里挑一，总共选了三个人，其中一个就是我。

第一反应：假的吧？

确定后的第二反应：惊喜，有种天上掉馅饼的感觉！

第三反应：犹豫，真的有信心去走演艺道路吗？

毕竟一旦上了电视，出了名，生活会发生意想不到的变化，我是否有心理承受能力去面对一夜成名的代价呢？

人生无非两条路，一条需要跟着心走，叫作梦想的小路；而另一条需要用自己的脚一步一步去丈量，叫作现实之道。

梦是甜美的，路是曲折的。人们总是怀揣着美好的愿望，在没有回头路的人生中慢慢前行，即使道路艰难，路途遥远，也不曾言悔。

也许一个人要走很长的路，经历过生命中无数突如其来的繁华和苍凉才会变得成熟。

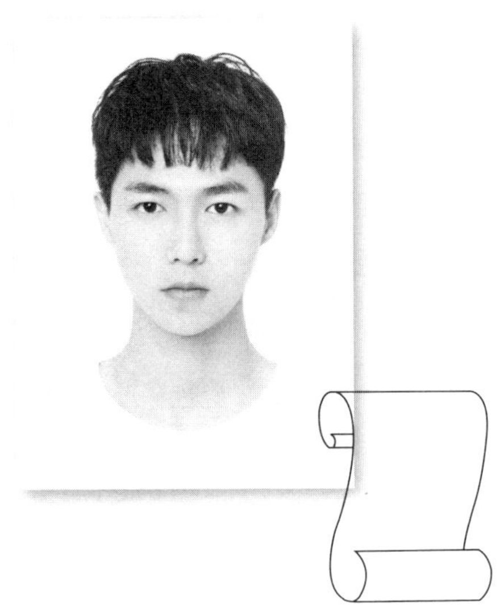

而圆梦就是我的人生。

纠结一番后，我还是决定按照他们给我的地址查查看。

《明日之子》？

所谓的海选，就是填写一张参赛表格，并且发一下照片和自己的作品。

反正闲着也是闲着，再说也不能辜负网友对我的期待，于是便把自己唱的歌，还有几张比较顺眼的生活照发了上去。

那时候，心里想的是，也不知道能不能被选上，虽然家人、朋友和同学都很肯定我在唱歌方面的能力，可是中国何其之大，有才华有相貌的人那么多，况且我只是业余的，充其量算兴趣爱好而已，哪那么容易就能被选上呢？心里有些忐忑，和朋友絮叨了会儿电话，跟他说了前因后果。

电话那头，他安慰我说："想那么多干吗？重在参与嘛。"

我心里好受了些，觉得是这个道理，正想鼓励自己几句，只听他接着说道："你说那个唱歌选秀节目叫什么名字？"

"《明日之子》。"

"哎呀！"电话里的朋友一听这个，声音立刻就兴奋起来，好像我已经入选了似的，"你看啊，你叫李明源，这个选秀节目叫《明日之子》，都有'明'这个字，是不是特别有缘？我想这次运气之神肯定会罩着你的，你去试试准没错！"

怀着激动又忐忑的心情度过了几天，终于等到了最后的通知。

海选过了，还没来得及开心，问题又来了。

我看着通知，情不自禁地"啊"了一声。因为，参加这个节目要离开新疆去一个完全陌生的城市——长沙。

说不慌那是骗人的，一想到即将面对很多厉害的对手心里就有点儿犯怵，毕竟，高手在民间嘛，可想而知，这样的民间选秀，藏龙卧虎，群英荟萃，不知道将会有多少座高山拦在我的面前。

我把这个消息告诉了全家人，毕竟我还是在校学生，而且是一个理工生，平时课程也挺满的，去长沙很有可能会耽误学业，所以想听听家人的意见。

没想到，父亲和母亲一反常态地支持我。尤其是父亲，他说相信自己的儿子是最棒的。难得被选上了，假如错过这一次，下次不知还得等到什么时候，机会不等人，既然现在有这么好的一个唱歌机会，应该向更多人展示一下我雪藏已久的才华。

汗颜，我一直也没藏着掖着呀。

妹妹更是激动得活蹦乱跳，不停地问东问西，还拍着手替我高兴，说太好了，以后能在电视上看见我了。

有了家人的支持，我的信心一下子大增。

于是第二天，我便去学校找系主任请假。

系主任听完我的叙述后眼睛一眯，索性也不办公了，一屁股坐到我对面的沙发上，从上到下审视了我一番，说道："你去参加什么选秀，时间实在是太长了，这样学校没有办法给你批假的。"

我心里"咯噔"一下，就知道他不会轻易答应。

"你家长知道这件事吗？"

我重重地点了点头："他们都知道，而且很支持我。"

"这样，你让家长来和我说一下，我再酌情考虑一下。"系主任还是不松口。

没办法，在父亲和系主任联络之余，我又跑去找辅导员和班主任，软磨硬泡。

"假如我入选了，那也是为咱们学校争光啊，试想咱们学校出了一个会唱歌的理工生，多能体现咱们石油大学的德智体美全面发展呀！"还记得，当时我是这么说的。

"给孩子一个机会，看看会有什么发展。假如错过了这次，兴

《明日之子》现场，看到台下很多粉丝为我加油，一下子就不紧张了。

许会抱憾终生，他的学业，家里会督促他，不会让他落下太多，请学校和老师们放心。”

这是父亲和系主任保证的。

我们用三寸不烂之舌动之以情，晓之以理，终于说动了辅导员和班主任，他们也去找系主任，替我求情。

功夫不负有心人，最终，系主任给批了假，而我，也即将坐上去长沙的飞机。

临行前，妈妈帮我收拾行李，眼里隐含担忧。毕竟，这次和旅游不一样，第一次离家那么长时间，做家长的哪有不心疼不牵挂自己孩子的呢？

“其实，妈妈心里不太愿意你去参加什么选秀。”晚上在家里，妈妈一边收拾东西一边悄悄和我说。

我有些惊讶：“可是您之前不是很赞成的吗？”

“是赞成，但是做家长的终归希望自己的儿女能好好上学，毕业了找一份稳定的工作。咱们家没有一个亲戚熟人是在演艺圈的，全中国有多少唱歌的演戏的，最后能红的有几个？妈妈是怕你将来走上这条路，要吃很多苦……”她半是忧愁半是和蔼地看着我，摸了摸我的肩头，“可你现在毕竟是一个大孩子了，有自己的主见，妈妈只能祝福你，让你去试一试，哪怕最后不行，也不至于将来后悔。”

慈母手中线，游子身上衣。母爱是无声细雨，滋润心田。

我心中无比感动，我转过头，给了妈妈一个大大的拥抱，表示一定会在那里好好表现，然后安安全全、完完整整地回来。

不断晋级，我一路过关斩将

长沙。

对于这个城市，第一个接触到的，是熙熙攘攘、人声鼎沸的黄花国际机场。一张张来自天南地北的脸，神情各异，“吱啦吱啦”地拽着行李箱，行色匆匆，仿佛急着去参加一场盛宴。

午后的长沙太阳很辣，着实给了我一个下马威，这里的天气和干燥的新疆很不一样，空气给人的感觉也很不一样。

我终于有时间走出学校，来看一看这个城市，这个原本活在电视上的城市。

BALENGIAGA
BALECNTAGA

湖南卫视，江湖人称芒果台，每年暑假必放的《还珠格格》是整整一代人的记忆。

在飞机上颠簸得睡不好吃不香，一到酒店放下行李，我便感觉饥肠辘辘了，于是简单收拾了一下，带上单反相机，直奔最出名的坡子街，准备在那里吃饱后，四处逛逛。

坡子街是长沙最出名的美食一条街，在这里可以吃到最有当地特色的小吃。

一边逛一边吃，胡吃海塞之下肚子很快就圆了，只记得口味虾、糖油粑粑、红烧猪脚最好吃。

每一个长沙人，似乎都是天然行走的大辣椒。可以说，这里的人吃辣子都是用灌的。在新疆，人们吃干辣椒比较多，而湖南这边因为气候的关系，吃辣酱、泡菜辣椒比较多。

对于无辣不欢的我来说，简直就像到了天堂一样。

新疆的辣是干辣，川菜的辣是麻辣，而湖南长沙的辣，是爆辣。

建议不能吃辣椒的同学和小朋友们千万别去长沙挑战吃辣的感觉，你们的舌尖会抗议，你们的神经也会受不了的，哈哈。

可能我这么形容大家没啥具象化的概念，怎么说呢？连我这个特别能吃辣的人都感到一丝丝的压力（痛并快乐着），毕竟全中国能把辣椒炸完当小零食吃的，也就只有湖南人了。

在还没比赛的前几天，我去了绵延十里的岳麓山，青翠凉爽，在穿城而过的湘江河旁发发呆，看着清澈如镜的河水，呼吸潮湿的气息，内心竟然很安宁。

我发现一种奇怪的现象，长沙的老百姓似乎习惯了昼伏夜出，白天的大马路上，人出奇地少，而当时针转向晚八点，人们就像和街上的灯红酒绿商量好了一样一起了冒出来。你会在天黑的一瞬间感受到长沙的热辣和拥挤。

终于到了第一场比赛。

为了舞台效果，比赛前会给所有参赛者简单地化妆，假如素颜，灯光打出来的脸色会显得很不好，当然不是浓妆，让我一个大男人化浓妆还是很别扭的，简单最好。

上台前，或者说前一天晚上睡觉前我都给自己反复做着心理安慰，没什么大不了的啊，酒吧驻唱的时候不也是台下一堆观众吗？可惜我实在太高估自己了。

没有一丝丝防备，我看见了电视上才会出现的明星，华晨宇、吴映洁、张大大……

一滴又一滴的汗在往外冒，手不住地发抖。

终于轮到我上台，在场上无数双眼睛的注视下，我一步步走了上去。

音乐起，我站在最佳的拍摄位置上，颤抖着拿起了麦克风。

“乌黑的发尾盘成一个圈，缠绕所有对你的眷恋。
隔着半透明门帘，嘴里说的语言完全没有欺骗。
小小的爱在那城里好甜蜜，念的都是你全部都是你，
小小的爱在那城里只为你倾心，让我大声地对你说……
I’m thinking of you。
那回城的票根你留做纪念，不必害怕面对离别。
剪掉一丝头发让我放在胸前……
走到哪里都有你陪……相随……
oh——念的都是你全部都是你……
那一种寸步不离的感觉……
我知道就叫作永远……”

一曲《大城小爱》结束了，过程是怎样的，我已经不大记得了，唯一记得的是发挥得不好，很不好。

这让我很不满意，下台后万分沮丧。

可是四面八方全是摄像机，台下观众一双双的眼睛，还有同来参赛的竞争者们也在一旁观看，我的喉咙不能不颤抖，越是在意就越怕出错，越怕出错就越容易失误。

比赛完了，我返回了新疆。

一边在学校恶补着落下来的功课，一边焦急又灰心地等待着。

总觉得，以我那天的表现，肯定没戏了。

节目播出之后，没有一丝丝防备，有些事，着实出乎我的意料。

原本以为自己没希望了，没承想竟然反响不错，瞬间多出来一大票粉丝，给我投票。

我不禁臭美，暗地里想：外形不错，或许也是一种优势吧。

从小到大，围绕在我身边的人都对我的外貌给予肯定。我一个人的时候，偶尔会盯着镜中的自己翻来覆去地看，脑中想的却是不光要在外貌上获得大家的认可，更要在实力上获得更多的认可和尊重，所以不继续努力是不行的。

现实如此，尤其是现在的中国社会，如果一个人的外形足够优秀，便容易让人忽略其他方面的能力。

但这始终不是长久之计，因为一个人，总会老，总会有那么一天变得不再好看。

两个月后，我去了北京。

这是我人生第一次去首都啊，而且不是去看升国旗，不是去故宫和长城，而是集训。

晋级之后，节目组请了专门的老师教我们声乐和一些基础的舞台表演，这让我瞬间增长了不少知识，选择晋级通道的时候，我反复选择，最终去了魔音赛道。有哥们儿不解我为什么不干脆选美颜算了，可我觉得自己是来唱歌的，又不是来选美的，外貌毕竟只是我的一个加分项，所以就选择了和音乐有关的魔音赛道。

节目组安排所有晋级选手住在郊区封闭式的小院子里。

一般来说，在都是对手的竞争关系里，男生们都会彼此抱有敌意。

但我们的小院子没有，可能大家都是年轻男孩儿的缘故，还不算太世故，每个人都挺友善亲切的，离乡背井，在外互相照应一下是很自然的事情。

人是群居类动物，在陌生的新环境里，本能地想要抱团，才有安全感，融洽的气场一旦形成，就不会轻易打破。如若第三个加入者靠近，也会被已有的气氛影响，觉得大家挺好相处的，所以感情自然不会太坏。

在这个小院子里，藏龙卧虎，有很多真正有实力的高手，他们或多或少都有选秀的经历，平时唱歌、表演游刃有余，十分自然。那段时间，其实我内心一度很气馁，总觉得自己方方面面都比人家差许多，好在之后经过舞台的洗礼，加上拼命学习，慢慢地有了底气。

当时，对于追求梦想的我来说，这就是全部。每天努力地唱歌练舞，认真地微笑寒暄。

一切，就好像午后的暖阳，充满光热的美好。

无论遇到怎样的泥沼，都不忘抬眼望星辰

做一个艺人，源自《明日之子》的那场比赛。而做一名演员，和这次比赛有着千丝万缕的联系。

因为这次比赛，我签约了经纪公司。也因为这次比赛，让古装剧《媚者无疆》剧组注意到了我，让我去客串剧中的一个角色“三十六”。

我的演戏生涯就这样开始了。

在横店影视城里，在强烈的日晒下，我开始塑造我人生中的第一个角色。

没有让我试镜，也没有进行演戏的相关培训，就直接和剧中的女主角李一桐搭戏。

对演戏毫无概念的我，在和演员搭戏的时候，大脑一片空白，完全不知道自己该怎么演，也不知道怎么找镜头，如同一张白纸，不过白纸有白纸的好处，可以有无限可能。那一刻，也只能这样安慰我自己了。

好在李一桐特别善解人意，她看出了我的不知所措和紧张无助。为了让我在镜头前不那么拘束，她不止一次开导我，告诉我在镜头前要学会放松，深呼吸，做心理暗示，让自己忐忑的心放松下来，再放松下来。新人演员第一次演戏，紧张是很正常的……

她还跟我谈了一些演戏的技巧。有一场戏是我遭遇打击之后的绝望。她告诉我，明源，一个人遭遇打击的第一刻一定是“蒙”的，而不是悲伤、绝望，这个“蒙”，一定要用眼神传递给观众。表演的层次感就在这里啦。

她拍戏的时候非常严格，但是戏下又特别柔和，让我的紧张一点一点地消除，慢慢放松下来。在她的帮助下，我慢慢进入了角色，也非常圆满地完成了这次拍摄。

这种感觉很奇妙，好似和剧中自己需要塑造的人物谈了一次恋爱，从陌生到熟悉，慢慢产生默契，最后相亲相爱。这也许就是深入一个角色之后的感觉吧。

这次在剧中我只是客串了一把，所以并没有多少戏份，却让我度过了每一场煎熬，在煎熬中，慢慢成长领会起来。

拍戏的过程是苦涩的，可是苦涩不就是人生的原味吗？正如一杯咖啡，你只有慢慢地饮，细细地品，才能感悟那缕苦后的余香。能够苦中作乐，人生就会绚丽多彩。

这些事情都是以前我不曾经历过的，但人生不就是这样吗？

你只有努力地去学习，才能对循规蹈矩的生活说“不”，才有过自己喜爱生活的资本，才敢大胆追梦。在你打算过自己理想生活前，请务必很努力很努力。

这次“蜻蜓点水”的“客串”让我“初次涉水”，感受到了演戏的痛苦和魔力，冷暖自知。

按道理说，有了《媚者无疆》的经验，到了第二部戏，我会轻松很多，然而事实和我想象的并不一样。

不久之后，我参演了都市轻喜剧《室友要相亲相爱啊》，饰演男二号的角色。

这是我真正意义上的第一部戏。

从多次试镜到最终敲定角色，再到演戏时的不知所措、不会找镜头等糗事，在这部剧里我全部经历了一遍。

《室友要相亲相爱啊》是一部融合都市、浪漫、幽默等元素的情景短剧，“创意产品制作人”原帅导演，“鬼才编剧”王浩奕执笔，我和年轻演员王子延还有《英雄联盟》美女主持骆歆主演，讲述了两位合租“直男”的塑料室友情。

在剧中，我饰演高也一角。他是一名独立音乐人，性格大大咧咧，不拘小节，热衷于调侃陆浩元那种讲究的性格；自诩撩妹能手，总是数落陆浩元不懂女生，实则只停留在理论上；最喜欢做的事情是打游戏，调侃陆浩元。

王子延饰演的陆浩元是一名处女座金融男，典型工科男理性思

维，患有轻度洁癖和强迫症，外形高冷，情商回路奇特，虽然不善情感表达，但常有意想不到的暖心时刻；重视生活品位，自我管理严格，有健身习惯；待人接物讲究，有时让人觉得做作，做起事来却又靠谱周到；对高也的大大咧咧十分不爽，又很欣赏他的才华和真诚。

高也和陆浩元合租在一个中高档的住宅里。当两个性格迥异的北漂男孩变成室友时，原本踌躇满志地准备开始他们的奋斗，却不承想男儿志高气轩昂，柴米油盐泪两行。加之两人完全矛盾的性格，在旁人看来生活的细碎，反而被放大变成了好友间的战争。于是两人开始了一段相爱相杀的男舍生活。

在《室友要相亲相爱啊》里，室友关系只是表面，这部戏主要是为了帮助当代都市青年处理不和谐亲密关系，唤醒观众对室友或朋友的理解与关怀。

在等拍戏的间隙，我和另一个主角会互相对戏，多找找感觉。有时对着对着就会笑场，还是停不下来的那种，然后我们调整好情绪继续对戏。等到正式开拍的时候，会笑场的戏份之前已经笑过了，所以基本上不怎么笑场。现在看来，这也不失为对付笑场的好办法。

有时我会找个人少的地方背台词，投入到一会儿要演的情绪中，提前入戏。

高也这个角色是目前我演的所有角色中，唯一一个和我性格非常贴近的一个角色，我非常喜欢他的性格，阳光又俏皮。

但贴近是一回事，表现出来是另外一回事。如何将感觉外化出来成了我的一大难题，因为有一些沮丧，状态也变得一般，心里更加着急，始终抓不到想要的感觉。有时候我还会生自己的气，觉得自己做不到是自己的问题，在一步一步的磨合中，逐渐找到了这个人物，知道了如何做才能表现出人物性格。万事开头难，我们在互相鼓励，互相帮助下，笑着演完了这部让我印象深刻的戏。

在我们的生活中，最让人感动的，总是那些一心一意为了某个目标而努力奋斗的日子，哪怕是为了一个卑微的目标而奋斗也是值得我们骄傲的，因为无数卑微的目标累积起来可能就是一个伟大的成就。金字塔也是由一块一块的石头累积而成的，每一块石头都很简单，金字塔却是宏伟而永恒的。

当我疲倦时，我会用音乐去抚慰自己，音乐很神奇，总是能将疲倦变成一种慵懒、康复。把孤独变成一种安静，让身体的每一个细胞都平静下来。

热爱音乐在这部戏中帮了我一个大忙，好像一块敲门石，让我一下子打开了角色的心扉。

剧中我有很多弹吉他的戏，这让我有更多的时间，名正言顺地拿起吉他练习，与其说是练习，不如说是一种让自己平静的方法。为此剧组的工作人员给我起了个外号：吉他王子。本来我就特别喜欢音乐，“吉他王子”也是个不错的称号啊，就由着他们这么一直称呼我了。

在剧组没有我的戏时，我会“创造条件”运动健身。这听起来有点不现实吧？有的人会问，拍摄场地没有运动器材，而且穿着戏服怎么运动呢？

但是，我确实做到了——就地取材，在不影响其他人工作的情况下，悄悄地找块空地，给自己创造运动的条件。

喜欢运动的人应该知道，运动有没有器材真的不重要。其实，只要你想运动，何时何地都能满足。需要健身房，需要器械，需要私教，都是借口。比如拉筋、俯卧撑、平板支撑等都可以随时随地动起来。

不得不说锻炼真的是让自己充实的好方法。通过运动，可以激活身体潜在的机能，使整个人的精神面貌得到改善，更好地投入工作中。有人说没拍戏的时候，坐着等或者躺着休息呗。“生命在于运动”，如果只是为了等拍戏而让时间白白流逝，就太浪费了。

别让生活把你变成寡淡无味的人，永远保持一颗童真烂漫的

心，随时接受挑战，随时欢欣雀跃。怀揣热忱和感恩，可以因为一朵花、一句话，轻轻地笑起来。学会满足，追求梦想，但请别忘记怎么生活。

在人生的漫长旅途中，我们会遇到各色各样的人。两个人的相遇经历如同两朵浮云，有的会停驻很久，融为一体，有的则只是聚聚散散，成为过客。把人生活得精彩才能让自己这片云朵变得更加

灿烂。剧中的两个大男孩的感情，更是如此。

我记得最后一集拍的是高也偷偷给陆浩元准备生日惊喜，我们边吃东西边聊天。后来高也和陆浩元还一起喝了点儿酒，两人掏心挖肺地聊人生，聊工作，慢慢对彼此有了更深一层的了解。戏外的我们好像对彼此也更熟悉了。

我和王子延当时的情绪完全投入在角色里，一时竟分不清自己是李明源还是高也，他是王子延还是陆浩元。

微醺中，我们杀青了。

感觉有点美好。

在这个新人辈出的娱乐圈，可能没人会在意我这个刚出道的艺人，但是我不会忘记我的初心。总有起风的清晨，总有暖和的午后，总有绚烂的黄昏，总有流星的夜晚，所以不如保持顺其自然的心境，把握每一个瞬间，试着去做，去面对每一个昨天、今天和明天。

《医妃难囚》篇

迎接第一部古装戏的挑战

在拍完《室友要相亲相爱啊》之后，我渐渐明白拍戏光靠外表和兴趣肯定是不行的，天赋很重要，但后天系统的学习更是必不可少。所以在那之后，我在公司的安排下去上了表演课，开始系统地学习表演，向着做一名优秀演员的目标迈进。

在上了半年的表演课之后，我对自己有了一些信心，就开始去找各种喜欢的角色试戏。但那点自信很快就在一次次的打击中被消磨得差不多了。因为连续试了十几部剧，却一个都没有被选上……

虽然很沮丧，但作为一个乐观的人，这点挫折是打不倒我的，而且我早就知道表演这条路并不是那么好走的，像我这种刚刚摸到点门道的小菜鸟就幻想着一飞冲天，那是白日做梦，只有脚踏实地，一步步脚踏实地地朝前走，才能等到适合自己的机会。

有一次，一个老家的同学来北京玩。起先，因为艺人的职业，让他觉得很神秘，但得知我已经被十多个剧组淘汰了。他顿时心生怜悯。他说，不行就回老家去，以你的才华和相貌以及家乡的人脉，不比现在活得自在。我微微一笑，不做解释。

我知道我推开了一扇门，门里是我想要的精彩世界，不管是苦还是乐，都值得我去认真对待，去享受它带给我的人生。

我必须积极面对失败。

每一次试戏失败，我都会反复琢磨自己哪里做得不够好，然后下一次努力改进，争取做得更好。我的很多经验都是从失败中积累起来的，看着自己一点点变好，这是一个特别美好的过程。

不知道是幸运降落，还是我的努力终于有了成果，或者二者都有吧，总之，《医妃难囚》的试戏异常顺利，我不但一扫之前失败的阴影，还超出预期，为自己争取到了一个主演的角色。

戏外的“端木寒”，其实是个内心温柔的小哥哥。

《医妃难囚》是由爱奇艺出品的一部古装网络轻喜剧，我饰演的角色是男主冥王身边的护卫端木寒。

刚刚拿到剧本的时候，这个角色就特别吸引我，因为他有着双重身份，白天是个刺客，到了晚上就成了将军，这种设定让角色具有双面性，更有挑战性，也有更大的发挥空间，这让我很兴奋。

其实这个角色和我本身的性格差距挺大的，端木寒是个外表冷酷、内心坚毅的人，是武功天下第一的大将军，这个人设虽然看起来很酷，但是要想把他真实地演绎出来还是很困难的。

为了把我心中端木寒的形象完美地展现出来，那段时间我一直沉浸在角色之中，反复看剧本，揣摩人物的核心点，研究人物内心的多面性，让自己站在他的角度去思考。

这是一个很过瘾的过程，好像灵魂出窍一样，有时候甚至让自己入了迷。所以在进组之前，我就已经做好了充分准备。

可到了真正开拍的时候，还是遇到了很多未知的困难和挑战。古装戏无论是服装造型、武打动作，还是人物背景经历等，都与我们的日常生活相距很远，有很多东西是没法从生活中寻找经验的。我之前没有太多拍古装戏的经历，所以好多时候都是边学边拍，特别害怕会给别人拖后腿。

每一场戏，我都要提前看好多遍剧本，把剧本读透背熟，仔细琢磨每一个表情动作，提前跟导演沟通细节。这很艰难，也很快乐。也许创造的乐趣就在这里吧。每一个不熟悉的开始都代表着未来的无限的可能。就这样，通过不断的学习和摸索，后面就一点点渐入佳境了，到后来越拍越顺利。

《医妃难囚》是一部穿越剧，女主角是从现代穿越回古代的学医的女生，而男主是一位王爷，女主穿越后变成了男主的王妃，刚好利用现代的医学手段治好了王爷的怪病。所以整个故事就是围绕戏里的端木寒，是武功盖世的大将军。

着王爷和这位穿越王妃展开的，而我饰演的角色端木寒，和男主关系很要好。

他是跟王爷从小一起玩到大的好哥们儿，也是王爷的守卫和下级，所以王爷在他的心里既是好兄弟，又是自己的主子，这其中的分寸很难把握，在外人面前和私下里相处时的态度也要有一些不同。

这些小细节都得拿捏好，才能把他们之间的关系展现出来。

端木寒这个角色还不只这么简单，他还是一个有着爱恨情仇的很立体很丰满的人物。

其实在他高冷、冷血的背后，一直背负着血海深仇。他多年来不停地寻找着杀害父母的真凶，在大结局的时候，他终于找到了真凶，为父母报了仇。这是他复仇的一面，也是他个性中冷酷的一面。

与之相对的，是对待爱情的态度上，他有

痴情、温暖的一面。每个人其实都是有两面的，生活中的种种经历，让我们懂得学会了用不同的面来对抗，接受外界给予的一切。

在冥王府的日子里，他爱上了住在王府里的大小姐明月，明月本来是王爷下属的女儿，下属殉职后，王爷就把她留在王府里照顾，当成自己亲妹妹一样对待。端木寒知道明月喜欢着王爷，但他还是守在明月身边，一直默默付出，不求回报地关心、照顾着她。

有这样一个暖男在身边，明月怎么可能不感动呢？最后她终于看清了自己的内心，在端木寒报了血海深仇之后，两个人携手浪迹天涯，从此过上了幸福的生活！

这是我第一次拍有CP（人物配对关系）的戏，其实还是比较害羞的，刚开始不太能放得开。后来就不断提醒自己，要克服心理障碍，投入角色中去，其实当把自己真的融入角色时，就会轻松很多。

端木寒比较沉默寡言，所以要演好这个角色，就需要依靠肢体语言和脸上的微表情，这对我来说其实是个很大的考验，我必须充分揣摩人物的内心活动，然后用一种合理的方式把它表现出来，让观众看到他的这种情绪变化。不然这个角色就会变成一个只会装高冷的纸片人。

总之，在这个人物的塑造上，我真的是下了很大的功夫，虽然可能还有许多地方不尽如人意，也没法做到百分百完美，但是当时我尽了最大的努力。

大家看这部戏的时候，可能觉得特别欢乐，满满的笑点，但其

实，这部看起来很“轻松”的剧拍起来一点也不轻松。

我们在象山拍这部戏的时候，正好是天气最热的时候，每天气温都是30℃以上，就算穿短袖都觉得很热，我的戏服里里外外要裹上五六层，坐在那儿一动不动都会出一身又一身的汗，可是我不仅要动，还有很多打戏的镜头，每次导演喊了“卡”，我都恨不得直接脱了衣服跳到湖里去。

可是热也得忍着，不光是我，组里的每一位演员和工作人员都是这样，大太阳底下所有人都是大汗淋漓的，但为了把每个镜头都拍得完美，没有一个人抱怨，那份敬业也感染着我，让我觉得这些付出都是值得的。

这还不算什么，其实最难熬的是夜戏，因为人在困倦的时候真的很容易情绪消极，但我们这部戏有很多时候需要熬夜，甚至要连轴转两三天，这个时候真的很难受，因为你的理智提醒着自己一定

要打起精神，好好表现，身体却很诚实，上眼皮沉得像挂了个二十斤的杠铃一样，根本抬不起来。

为了在镜头前展现出最好的状态，我那段时间习惯了利用拍摄的间隙补觉，也不管旁边的环境有多吵、多乱，只要给我个坐的地方我就能立马睡着，因为实在是太困了。可是就算睡着了，心里也还是绷着一根弦，哪怕旁边有人轻轻喊一声我的名字，我都会瞬间醒过来，然后瞬间像被打了鸡血一样，一下子就精神了。

那两个多月，真的是没有睡过一个完整觉，自己都不知道是怎么熬过来的，其实我知道，跟很多高难度的戏份比起来，我这点困

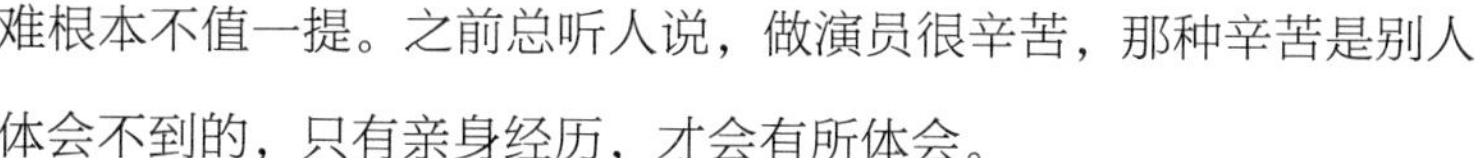

难根本不值一提。之前总听人说，做演员很辛苦，那种辛苦是别人体会不到的，只有亲身经历，才会有所体会。

有人说我很努力，一点也不娇气，其实只有我自己知道，我心里是特别希望大家能认可我的。我不是科班出身，所以可能在演技方面不如别人，我能接受别人说我不专业，但我绝不能让别人说我不敬业。

专业方面，或许我需要走的路还很长，我需要几年甚至十几年的时间去打磨修炼自己，但是敬业，是眼下我可以做到的，所以我一定要做到！

其实不管做哪一行，敬业都是最基本的，你可以没有天赋，可以没有经验，但是如果连工作的积极性都没有，该做的事情也不去好好做的话，那是不可能成长起来的。不怕苦不怕累，不会的东西就去学，做不好的事情就多尝试几次，我认为这是最基本的敬业。

我喜欢演戏，以后想在这条路上走得更远，这些苦和累就是逃不过的，只要出来的效果好，大家能够记住我演的角色，我就觉得这一切都很值得。

拍戏的日子虽然很辛苦，但是这其中的快乐和收获远比辛苦多得多。

拍《医妃难囚》的时候，我印象最深的一场戏，是关于吃的。但这次“吃”的经历可真的是前所未有。

在剧中有一道菜，名字叫“荔枝炖黄鳝”，光听这名儿就知道这是一道多么奇葩的菜了，现实生活中根本没有啊！可是为了追求最真实的效果，我们不但要在剧里真的把这道菜做出来，还得真的吃下去……那个滋味啊……至今回忆起来都觉得胃里酸爽。

大家总说，做演员要真听、真看、认真感受，才能演出最真实的东西，所以说再奇葩的东西，该吃还得吃；再害怕的东西，该尝试的也还得去尝试。这或许就是做演员带给人的挑战吧，它会逼着你成长，逼着你成为更好的自己。

比如说我吧，本来是有点恐高的，可是吊威亚的时候就必须克服心理障碍。

以前看电视剧的时候，里面的主人公飞檐走壁的，我还特别羡慕，觉得他们的姿势太帅了，特别希望自己也有机会尝试一下。

可是当真的被吊在空中时，说不害怕那是假的。

其实看别人吊威亚的时候挺轻松的，本来以为不会很难，但是自己上手了才知道，在空中好多事情是不受控的，比如有些动作，站在地上的时候做起来特别容易，但是被吊在半空中就很难维持身体平衡，一个简简单单的动作可能怎么都做不好。

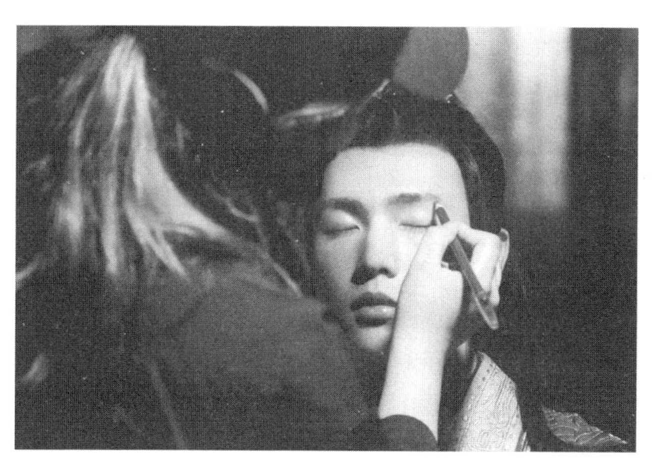

威亚的绳子是钢丝的，勒在身上特别疼，吊几分钟就已经难受得不行，但是为了把动作完成好，有时候要在半空中吊很久，疼到后来身体都已经没有知觉了。

而且我觉得吊威亚最难的是对于节奏的掌握，因为不是说吊在那里等着别人拉你就行了，你的动作还必须和拉威亚的师傅配合好，比如到哪个地方需要做哪个动作，如果到了那里没有把动作做出来，就得重来。为了拍出最完美的效果，一个动作反反复复做几十次是常事。

可是重来的次数越多，心里就会越急躁，因为演员是一个需要跟许多人配合的工作，你反复重来，就意味着无形中增加了别人的负担，也耽误了现场的拍摄进度，所以心理压力特别大。

这种情况下，就只能突破自己的心理极限，什么恐高不恐高的也顾不得了，就拼着一股劲儿，一定得赶紧把这条拍过去。

我记得有一场戏是我去救王爷，要从房顶上很帅气地飞下来，然后落地时一个转身。那会儿天特别热，整个人本来就迷迷糊糊的，结果从房顶上飞下来的那一刻，我感觉自己的肾都快要爆炸了。

我紧张得心“扑通扑通”地跳，可是落地的动作还要很潇洒，表情还要很帅气，还必须很稳地说出台词：“属下救驾来迟！”

嘴上说着很酷的台词，心里却在瑟瑟发抖，那种感觉不知道你们有没有体会过？反正我是亲身经历过才知道，做演员真的是太不容易了。

不过这种挑战也很过瘾，虽然过程挺艰辛，但当真的成功了以后，就会有特别大的成就感，就好像又战胜了自己一次，又向前迈进了一大步！我特别喜欢这种感觉。

这或许就是许多人喜欢做演员的一个原因吧，永远能带给你新鲜刺激的感受，永远带你去尝试全新的东西。

《医妃难囚》这部戏带给我的收获是很大的，我很感谢导演和制作团队给了我这个机会，让我从端木寒这个角色中挑战和突破了自己，也看到了自己的另外一面。

或许你们在看这部剧的时候，还是能看到我的很多缺点，能看到我诠释得不足的地方，我不敢说我做到了最好，但至少我已经拼尽了全力，所以我可以自豪地说，我没有给自己留下什么遗憾。

自从拍戏之后，经常有人会问我，从《明日之子》中的偶像到演员身份的转变，对我来说有什么不同。

这个问题怎么说呢，可能最重要的还是自己心里定位的变化。

因为如果你想做一个偶像的话，只要很帅气地出现在大家面前就好了，不需要想太多。但是做演员就不一样了，如果想成为一个好的演员，最起码要对得起自己的角色，要花时间花心思认真去思考和揣摩，要想办法让角色更丰富更立体地展现在观众眼前，而且让大家相信这个角色是真实存在的。

如果你自己都没有融入角色之中，观众是不可能跟你的角色产生共鸣的，他们感受不到角色的力量，就不会相信这个人物是真实存在的，那么你为这个角色做的所有努力都只能以失败告终，这是我最害怕的事情。

不仅如此，为了塑造角色，有时候还需要牺牲自己的形象，来诠释角色的真实和完整性，这个时候你是选择保留帅气的一面做一个偶像，还是选择暂时牺牲一下外表来做一个尊重角色的演员，就需要看清自己的定位了。

我想要成为一个优秀的演员，就不能当自己是偶像，所以我给自己的定位，就是要从角色出发，努力把角色演活演好，而把我自己隐藏在角色后面，让观众通过角色来记住我，而不是通过我来接受角色。

虽然现在我离这个目标差了十万八千里，但是我相信，只要一步一个脚印去做，万丈高楼也有建成的一天！

对于那些不足的地方，我不想回避，因为人生本来就是一个不断进步的过程，每个人都是在成长的道路上不断挑战和突破，然后才能一点点变成更好的自己，我不敢奢求完美，只希望我的每一部戏都能比之前表现得好一点，永远让你们看到我的努力和进步，这就足够了。

《闪光少女》篇

明媚的青春，年少的欢喜

当接到王冉导演的电视剧版《闪光少女》中的一个重要角色时，有一刹那，脑袋一片空白，我欣喜若狂，因为电影版的《闪光少女》给我留下了深刻的印象，如果能拍成电视剧，对我来说，又可以回到校园体验一把做学生的感觉了。

从2018年7月16日到10月13日杀青，这部戏拍了整整三个月，它是我迄今为止完整参与全部拍摄的一部剧，三个月和剧组同吃同住，给我留下了深刻的印象。

新戏开机的时候，都会有一个简单的开机仪式，导演、编剧、主要演员、剧组成员都会聚在一起为新戏揭幕和致辞，也许你会好奇，开机仪式为什么要举行？原因是拍戏除了主观因素，还需要在很多外部因素满足的情况下才能较好地进行，每一个剧组都希望“风调雨顺”，不要老是刮大风、下大雨，让整部戏很难进行下去，大家既希望这部戏能够开机大吉，也希望拍完后“杀青热映”。

作为演员，穿上自己剧中角色的服装，就标志着从这一刻起，你就不是李明源了，而是你需要扮演的这个角色。

《闪光少女》开机那天正值炎热的夏天，大家穿着校园秋冬季的校服为新戏站台，因为开机仪式是在中午进行，我们就在火辣辣的太阳底下暴晒着，大家汗流不止，演戏的服装换了一套又一套。我坐在那里，虽然看起来镇定自若，其实衣服早已湿透了，有几位工作人员问我为什么不去换衣服，我淡定自若地说："还好啊，其实也不怎么热啊！"

经纪人和助理知道我的习惯后，一本正经地要求我，需要什么必须告诉他们，他们说，只有这样你才不需要去处理任何拍戏以外的事，专心考虑人物。可是对我来说，我是一个不愿意麻烦别人、过多打扰别人的人，任何事能自己做的就自己来，我总觉得每个人都非常不容易，一部戏的背后有无数工作人员的默默付出，为什么要求别人对你有求必应？天气炎热的时候，谁为他们打过伞呢？很多时候，他们也需要一瓶水、一个暖宝宝的关怀。

从小生活在新疆，没怎么见过海，这次《闪光少女》的拍摄地是青岛，一个有海的地方。三个月的时间足够让我过过大海的瘾。我一直对大海有着谜一样的喜欢和向往，记得很早一次旅游，去云南洱海，虽然不是海，却足以让我心神荡漾了。所以到了青岛，一有空闲的时间，我就约小伙伴去海边冲浪、喝酒、打排球，每当海风吹过，所有的疲惫和烦恼都会随风而散，大海的包容让我对角色有了更深刻的理解，为什么很多人都喜欢来海边呢？或许当你来到海边，你就会理解“放下”的真正含义了。

刚进剧组的时候，导演、编剧和演员都需要花一些时间来围读剧本，简单来说，围读剧本就是在剧本完成后，制片人或者导演安排备选演员按照剧本里的情绪阅读剧本，以寻找台词和情绪是否有问题。当时在《闪光少女》围读剧本的现场，王冉导演要求我们从念第一句台词时，就要带着每一位角色的特点和风格，演员们一边对台词，一边进入了剧中情境。作为本剧中的钢琴王子，要保持对人对事帅气又高冷的感觉，所以我在剧中经常都是靠表情和眼神来演戏，大家听到我最多的台词可能就是：“哦，这样哦！”“嗯，还可以了！”“我要练钢琴，不要来烦我了！”

《闪光少女》电影版2017年就已经上映了，这是一部生猛搞笑又励志动人的青春校园电影，古灵精怪、敢爱敢恨的音乐女孩陈惊，在受到校草才子的嘲笑和奚落后，迎来了在背后默默为她付出努力的男孩“油渣”，他们联手组建了2.5次元乐团，挑战权威，最终破除了音乐上的成见。

电视剧版的《闪光少女》，你们会看到每个角色身上更多的细节和亮点。

在青岛拍《闪光少女》的那段时间，我所在的酒店和片场离得比较远，有戏的时候，经常会提前一个小时到片场，化好妆，拿着剧本等候拍摄。

王冉导演是一位对镜头有着严格要求的导演，为了达到电影般的拍摄效果，有时候一两场戏需要花费一天的时间。为了候戏，我常常等到深夜一两点，为了度过这段难熬的时间，我经常会背背台词，或者站在一旁看别人如何演戏，实在累了，就去沙发上睡一会儿。

拍戏那段时间给我的最大感受就是，每天候戏到深夜，眼睛就红了，明明克制自己不要看什么，但还是对拍戏的状态有了影响。

有一次拍戏的时候，导演看到我的眼睛红红的，以为我因为什么事哭了，了解情况后他才知道原来是因为等戏才变成这样。有时候突然感觉要做成一件事很辛苦，因为我们常常受到各种因素的制约和限制，如果你不努力坚持一下的话，可能之前做的所有努力都会功亏一篑。

从未谈恋爱的我，总是一边吃着别人投喂的狗粮，一边憧憬着自己的小美好。真正相爱的人是一种怎样的状态呢？我很好奇。于

是在剧组的时候，我如愿“谈”了一场轰轰烈烈的恋爱……才怪！实际情况是：狂吃王冉导演和鲍晶晶编剧撒的狗粮。他们这对夫妻相恋十年，默契十足，不仅业务能力一流，生活里也给我们上演了什么叫真正的浪漫。两个人生活中充满了仪式感，互相给对方送小礼物，一起商量早餐要吃什么，有时候探讨剧本的时候，还会沉浸在自己作品洋溢的幸福之中。

在圈内，导演和编剧的关系总是备受调侃，像恋爱一样要求“合眼缘”，既要统一战线又难免争夺话语权。香港著名编剧黄炳耀曾说：“导演是老公，编剧是老婆，老婆生的孩子怎么能不像老公？老婆只有辅佐和迎合老公，培养出来的孩子才能融合夫妻俩好的特质。”

王导是鲍姐的忠实粉丝，据说姐姐在家写完一段就要声情并茂地演给王导看，而王导大多数时间都是在旁边“端茶倒水”，到了王导拍摄时鲍姐又不闻不问地出去玩。用导演的话说，他特别认可自己的爱人，所以剧本到了他手里，就像一个bling bling（闪闪发光）的任务，他可以直接“下副本”了。

就是这样的默契，使两个人在合作拍摄电影版《闪光少女》时大获成功，上影节期间，从导演、编剧到主演、配角再到剧本，一口气斩获了五项大奖，影评人和媒体纷纷点赞，让这部电影在无一线大咖参演的情况下，一下跃到了人们视线前，豆瓣评分更是仅次于同档期大片云集的武侠片，这样的成绩在小成本电影中已经算是很优秀的了。

就是这样的神仙组合，让整部戏的拍摄进行得非常顺利，我和两位老师在私下经常会探讨拍摄的细节，从他们身上学到了很多东西，慢慢让我对演戏有了更加细腻和深刻的认识，演戏不仅仅是模仿你要演的角色，更要把自己对情感的理解融入你所诠释的角色。后来拍完戏回北京之后，鲍姐还请我们几位演员吃饭喝酒，一边聊她对演戏的看法，一边拉家常，大家坐在一起，就和亲人一样。

拍戏的那段时间紧张而充实，夏天青岛的空气湿热难耐，剧组的工作人员会给每个人一个小风扇，为了防止大家中暑，还准备了清凉油和花露水。即使这样，剧组的一位演员还是在片场感冒了。为了不影响拍摄进度，她还是坚持把当天的戏拍完，我没想到的是，在休息的时候，导演就让工作人员去给她买了感冒药，之后剧组有谁感冒，大家都积极踊跃地去给对方买药，就是在这样的相互关心中，每一位演员很快熟悉了起来，剧组就像家一样，给每个人温暖。

提到校园，就想起蓝白相间的校服，盛夏白瓷梅子汤，轻快扬起的马尾辫，腾空灌篮的少年……一切关于青春的美好念想，都藏在这两个字里。我们拍戏的取景地大多是在大学校园的操场和教室，重新回到校园，穿上校服，让我突然有种穿越时光的错觉。拍戏的学校非常漂亮，夏天里绿树成荫、繁花似锦，情侣成双入对，时时刻刻都充满着青春的感觉。《闪光少女》里围绕音乐才子才女的一个个故事就是在这里发生着，似乎就真实地在自己的身上发生过。我前两年刚从学校走出来，学生的感觉还未从身上退去，这也让我能够更好地诠释、以更为年轻的心态来演好我的角色，在如此美丽的校园拍戏，也常感叹：真想谈一场校园恋爱啊！

校园是个美好的地方，我最初的唱歌梦想就诞生在校园，还有我曾经喜欢过的姑娘，虽然那年匆匆，但是那份年少的欢喜，仍旧一直氤氲在我的内心中，在我最需要温暖的时候，闪闪发光。

同龄人总能很快打成一片，《闪光少女》的演员年龄都不是很大，大家都在17岁到24岁，在拍戏期间，女演员楚禾正好过18岁的生日，为了让这次生日变得更有意义和有仪式感，我们联合工作人员一起给了她一个不小的惊喜。

楚禾生日那天，结束一天的拍摄后，我们和工作人员早早买了蛋糕和鲜花，回到酒店后，若无其事地潜伏在电梯口，就等她从电梯里走出来。电梯门打开的那一瞬间，所有人齐声大喊：“楚禾小公主，18岁生日快乐！”随后把蛋糕和鲜花捧到她的面前，听到“生日快乐”的那一瞬间，她先是呆在原地，随后眼泪就流出来了……18岁是个多么美好的年龄啊，她需要有人给她一个温暖美好的仪式，虽然父母不能陪在她身边一起过生日，但是有我们这些兄弟姐妹啊，那天我们度过了一个美好的夜晚，因为有大家的互相关心，让剧组的生活变得更加有意义。

《闪光少女》正式开拍之前，我被公司送去学习了一段时间的钢琴，因为我在剧中饰演一位冷酷的钢琴王子，他需要弹奏很多世界名曲的片段，学习钢琴又让我收获了一项新的技能，最早参加综艺《明日之子》之前，我只会弹吉他，因为在大学阶段，我就经常抱着吉他在学校练歌。学习钢琴的那段时间对我来说并不容易，我时常要练习七八个小时，才能将剧中演出需要的片段弹奏下来。很有意思的是，剧中最后以钢琴为代表的西洋乐器和中国传统民族乐器之间有一场大对决，非常有趣的是，钢琴虽贵为西洋乐器之王，但在这部剧的最后，还是输给了我们中国的传统乐器，这其中也可能是与导演和编剧希望能够发扬我们的传统乐器有关吧。

我所饰演的钢琴王子虽然是一位不爱搭理人的男孩，他的内心却是非常善良的。他家境优越、对人高冷，在精英教育的培养和西方音乐的熏陶下，他的眼里只有钢琴和学习，甚至在钢琴和喜欢的女孩之间，都可以毫不犹豫地选择钢琴。

其中有一个片段让我记忆犹新，女主角来找我表白的时候，我内心不但不开心，反而非常生气，甚至因为她表白的行为令我焦躁不安，在偌大的教学楼下面，女主角疯了一样说“我喜欢你”，整个大楼的人都跑出来看，最终我却对着她大喊：“我不喜欢你，也不喜欢什么民乐，我的眼里只有钢琴，别再来烦我了！”我的行为让女主角伤透了心，可见在这位钢琴王子的眼里，音乐对他有多么重要。

大家一定看过台湾最火的偶像剧《流星花园》吧，F4的出场不知迷倒了多少少男少女，他们四个不仅长得帅，而且都非常有才华，对于很多普通的学生来说，都是可遇而不可求的。我在电视版的《闪光少女》里饰演的钢琴王子，非常像道明寺留给大家的感觉，他或许在一开始并不成熟，但是经过和大家的交流比拼，他变得更加宽容和珍视身边人的友情，他也会在女主角被雨水淋湿的时候默默为她撑伞。可见，成熟需要一个过程，每个人都是善良的。

对我个人而言，在大学校园里拍这样一部剧，着实让我体验了一把在贵族学校生活的感觉，也是蛮过瘾的。

《闪光少女》虽然不是我的第一部戏，但是拍摄的时候还是会显得比较紧张，在这三个月的拍摄时间里，我慢慢适应了状态，进入了节奏，我通过这部戏又锻炼了自己的演技。三个月的时间给我的最大感受是，让我觉得身边的人没有那么圆滑和势利，大家都很

尊重每个人个性的表达。我深深感受到的一点是，你要做成一件事，要保持十足的专注和热情，有时候还需要你忍痛割爱，甚至在别人看来会不尽如人意，只有这样，你才能够将你的能力发挥到极致。这部现代青春校园剧会给我以后的剧开个好头，我更加期待未来出演更多的现代剧，能够饰演并挑战不同的角色。

这一年我拍了很多戏，演了不同的角色，有初来乍到的小萌新，有为了爱情走火入魔的杀手，有集才华与容貌于一身的钢琴王子，我在不同的角色中体验过不同的人生，这样的经历会在我以后的人生中产生深远的影响，他们让我体会到了人间的冷暖，让我能够从不同的角度去看这个世界。《闪光少女》对于我而言，感受却是特别的，我第一次真切体会到了人与人之间情感的真挚流露，剧中人物对艺术痴迷的情感让人动容，剧里剧外，我们的友谊，剧中人的友谊让人动容，还有导演和编剧的狗粮让人动容，还有父母不时给我发来的短信，传递着亲情的可贵。这一切汇集成了爱的海洋，让人踏实，也让我能毫无顾忌地向前进，努力。

《闪光少女》杀青那天，大家都开心得像个孩子一样，王冉导演告诉我们这只是一个开始，以后还有很长的路要走，他希望我们能够在每一部剧中发掘自己最好的一面，精益求精、不断创新，争取把自己最好的一面展现给观众，使自己的演技更上一层楼！

《忘川茶舍》篇

×
×
×

忘川河畔茶一杯，铭心刻骨是为谁

我平时不怎么看魔幻小说，直到邂逅了《忘川茶舍》。

试镜前我想，总不能两眼一抹黑瞎演一通吧，于是快马加鞭开始“补课”。没想到翻开《忘川茶舍》，我一个理工男竟然被一个爱情故事虐得死去活来！这是什么神仙小说？

刚开始看：随意看看，就当学习了。

半小时后：欸，这男主挺有意思啊。

三小时后：嗯，你还别说，这小说挺好看的。

大型“真香”现场。

是不是每个男孩都曾有过武侠梦？看到书里叶玖这个角色时我在想，玩世不恭的公子哥，携一柄重剑行侠仗义，这不正是我曾幻想过的侠客吗？

试镜时，想象我就是叶玖，把看小说时体会到的人物心理自然

而然地流露出来，自我感觉还挺流畅的，不枉我追它一场。

似乎是意外，又像是命中注定，我居然真的拿到了男一号叶玖的角色！

试镜结果出来的一瞬间，先是难以置信的“蒙”，然后喜悦的小火苗从心底蹿上来，越烧越旺。毕竟是第一次担纲大男主，允许我偷乐一会儿。

很快就正式进组拍摄了。

说实话，忐忑多过开心。

我之前接的古装戏角色都是很正面的，像忠心护主的侍卫、保家卫国的将军。这次演的叶玖这个角色，武艺高强、为人正直，但后期魔化了。这种有正、有邪、有层次变化的角色，对我很有挑战性，总担心自己诠释不出那种正邪流变和复杂的内心活动。

进组第一天，我紧张到给我爸打电话。“明源，不要紧，你放手去做，就算做不好，家人也永远在这里等你回来。”他温厚的声音隔着话筒传过来，我躁动不安的心静了下来。

从小到大我都是很有主意的人，参加《明日之子》也好，走上演艺之路也罢，我爸担心我，但从来不会干涉。但凡我想尝试的，他都会偷偷咽下所有担忧顾虑，一面笑着开导我，一面默默做准备，只等我碰得头破血流沮丧消沉时，放心地扭头跌进他用温柔和包容织就的网。

贾平凹《写给母亲》里说：父母在，人生尚有来处；父母去，人生只剩归途。多庆幸有家人做我坚实的后盾，安抚我心里偶尔慌乱的小兽，再鼓励它勇敢前行。

怎么才能更好地表现出魔化时那种情绪张力呢？吃饭时、睡觉前、拍摄间隙，只要有空我就琢磨，没事就拉着别人问："你看我表情够狰狞不？"时间长了，大家被我烦得不行。

朋友说："建议你去看饥饿的狮子。"

看狮子？这是什么操作？

"捕捉它猎食时的凌厉气势，明白不？"

嗯……只可意会不可言传……

我看过的古装剧，为了表现角色的黑化都会给角色画上浓浓的"中毒妆"。给我深刻印象的是《延禧攻略》里佘诗曼饰演的娴妃。不用靠妆容，只一个眼神就能告诉你什么是黑化。尤其是她那场背对柱子杀死嘉嫔的戏，一个眼神加微微上扬的嘴角，就让人不

穿上古装我就是最靓的仔。

寒而栗了。她独自走在大雨滂沱的紫禁城里，一字一顿缓缓说出：“欺负我的，亏欠我的，我会一个一个全部讨回来。”整个过程，一气呵成。

所以我发现，所谓魔化呀黑化呀，并不是表面上张牙舞爪式的狰狞，而是一种内化的饱满的凌厉。不需要多么用力的面部表情，只要内在情绪暗涌，自然就有震慑人心的气场。

内心住着一头怒吼的狂狮，但表面上不动声色，像只慵懒的猫咪，这种感觉就对了。

拍《闪光少女》的时候，拍摄间隙大家会嬉笑打闹放松一下，但拍《忘川茶舍》时，为了时刻保持叶玫这个角色的浸润感，大部分时间我都是严肃脸不说话，或者去散散步。

我很佩服演员王千源，他在拍《解救吾先生》时，完全沉浸在张华的状态里，几乎不跟同在片场的刘德华聊天。为了让自己的头发和脸一直油腻着，连续七天不洗头不洗澡，他想呈现出那种手上沾满鲜血、豺狼般的悍匪形象。

忘却自我躯壳，将灵魂注入角色，这大概就是一个演员的自我修养吧。《忘川茶舍》没有李明源，只有叶玫。

这部戏周期很短，我又是第一次做男主角，戏排得很密，工作强度也很大，几乎每天都是朝九晚十二。

收工之后，我满脑子只有一个字：困。有时候真的好想睡一会儿，但不能睡。只要轮到你的镜头，就得立马精神抖擞。

何以解困？唯有咖啡！来吧兄弟，干了这杯提神续命水，横扫睡意，做回叶公子。

既然是大侠，还是一个魔化的大侠，自然少不了飞来飞去的桥段了。

我不是第一次吊威亚，拍《忘川茶舍》时更是吊威亚吊到麻木。有一场戏，我要从城墙上跑到房顶去追杀别人。

导演问我："你可以吗？要不要用替身？"

我说：“我想试试看。”

吊威亚上去以后发现城墙很高，往屋顶跑的时候檐上的瓦片簌簌地往下掉，不小心摔了几跤，当时只是觉得有点疼，等回去洗澡时才发现膝盖整个摔破了。

导演说我跑得不错，拍出来效果挺好的。我这才放下心来，嗯，没白摔。

拍魔化前的一场戏时，我特别累，拍戏状态也不好，总是卡在一个地方过不去。一遍一遍地拍，导演的脸色沉了下来，叶玖，你怎么回事，还要不要收工了！！！仔细琢磨一下。于是，全剧组都停下来等我。那一刹那，疲倦和无力感好像一个浪头打过来，将我整个吞没。我真的不行吗？我适合做演员吗？我选的这条路是正确的吗？满脑子都是对自己的疑问，但不得解。

想起刚进组前我爸说的话：就算做不好，家人也永远在这里等你回来。难过和沮丧突然难以抑制地涌上心头……如果我做不好，就这样回家也可以吗？

脑海里突然浮现出《朗读者》的一个片段：11岁的袁泉背井离乡独立赴京求学，写信给爸妈：“老师说我还不够刻苦，我听了心里非常难受，因为我觉得已经使出了自己最大的力量。”她的父母又担心又难过，但还要强忍不舍鼓励女儿：“我们绝不会在你竭尽全力，仍

在片场休息时，最爱干的事就是和大家自拍卖萌。

暂时达不到目标的情况下，还要你去拼命……且记住，在挫折面前不气馁，要保持良好的情绪，振作起来吧！”

简直太符合我当时的心境了。如果现在打电话跟我爸吐苦水，他一定很担心我，也会像袁泉的父母那样安慰我吧。有些坎儿，我得学会自己迈过去。

我强打着精神回到住处，无意间刷到抖音上粉丝的留言鼓励，灰色的心情突然出现一抹蓝。我以前不知道，原来粉丝简单的一句鼓励就可以让我的心情雨过天晴，就可以让我满血复活，原来我不是一个人在战斗。

休息了一夜，打起精神第二天重新补拍了那场戏，这回很顺利就完成了。

感谢我的小太阳们，在我心里乌云密布的时候为我照进一束光，鼓励我继续走下去!

我平时很少落泪，不过《忘川茶舍》里的那场哭戏，对我来说印象蛮深的。

叶玖有个城府极深的叔叔叶酤，他是叶家灭门惨案的幕后黑手，出卖叶家投靠朝廷，想要称霸江湖。

一夜之间，对自己宠爱有加的亲哥哥，从小一起长大的小童，俏皮伶俐的侍女小迷妹，叶家上上下下，通通惨死在叶酤剑下。哎，男主简直太惨了。

演好哭戏说起来还蛮简单，懂得角色，投入情绪，花时间去读懂叶玖这个人，情绪到了，演起来就水到渠成了。当我身处满目狼藉血流成河的场景里，几乎不用思索，不用刻意酝酿情绪，就能感受到叶玖那种撕心裂肺的痛苦，眼泪自然而然就出来了。

拍哭戏好像没那么难，拍吻戏却显得没那么轻松了。

有人可能很羡慕演员能在镜头前上演生死之恋，尤其还能拍吻戏。男演员们可能会开玩笑叫嚣："争取多拍几条！"女演员往往比较矜持，含羞一笑。

就是在这部戏里，我献出了自己的荧幕初吻。

这场戏是这样的：叶玖即将魔化，卫辞要用爱吻醒他。原本是要借位拍，试了几次之后，导演觉得效果不理想，于是告诉我们：来真的。

来真的……害羞且怂……我怂她也怂。

导演说，开始吧。

我戴着美瞳双眼通红，木然地等对手戏演员过来吻我（因为戏里我是被动的那一方）。她缓缓地靠近，再靠近，四目相对，"扑哧"一声，我俩都笑场了……

重来。

我双眼通红，木然地等她过来吻我。她越来越近，嘴唇快要碰到了……"哎呀不行！"她害羞地捂脸跑开了……果然还是，下不去嘴……

导演说，要不给你们清场吧。

拍摄区只留下了一名摄影师、一名录音师和一名场记。

我继续木然地等她过来吻我，其实紧张得手心直冒汗。蜻蜓点

水的一吻之后，我俩像被彼此吓到的猫，飞速弹开。

“导演，可以吗？过了吗？”

“太浅啦，感情再投入一点！你要用吻唤醒他，把爱全部融入吻里，再试一次！”她再次害羞得捂脸跑了……

导演说，要不你俩先培养下感情，酝酿酝酿？

“好的，导演。”

我俩大眼瞪小眼，相视无言。

我说，要不我给你讲个笑话吧，我绞尽脑汁想段子逗她。

我说，要不你就当口红试色吧，看我用这色号好看不？她“扑哧”一笑。

气氛缓和多了，我俩也比较放得开了。抛开自己的身份，我就是即将入魔的叶玫，她就是要拯救爱人的卫辞，此时此刻我们只为角色而存在，动情一吻，地老天荒。

“OK（好的），过了！”

终于结束了，我的荧幕吻戏初体验。

很幸运，这次我有机会和董璇女神搭戏。

之前看过于正导演的那一版《神雕侠侣》，被她饰演的“古墓派”创始人林朝英惊艳到了。白裙黑发时清丽脱俗，白发红裙时霸气凛冽，真的把金庸笔下的绝代美人林朝英演绎得淋漓尽致。尤其是一身华丽红衣在雪中起舞那场戏，太美了！

这次她饰演的是忘川茶舍的主人流笙。

据说流笙以开茶舍为名收集人间最刻骨铭心的感情，喝了这杯茶，就可以忘却前尘往事。

拍对手戏那天，她一身白衣仙气十足，简直就是“忘川灵主”流笙本笙了。

开始对戏时，我有点小紧张，有点小激动。

然而……眼神一交汇，我大脑一片空白，糟糕，忘词儿了！画面静止，空气凝固，我尴尬一笑，脸“唰”一下红到了耳根儿。

她真的很平易近人，笑着递给我一杯茶：“别紧张，来，干了这碗茶，忘却前尘往事。”

我接过道具茶水一饮而尽。这好像真的是杯神奇的茶，我忘了紧张，忘了刚才的尴尬卡壳，浮躁的心被茶水烫得熨帖，心神稳下来，很顺利地对词开拍，完美收工。

你若问我跟女神对戏的感觉，大概就是一边工作一边追星的暗爽吧，哈哈哈！

因为剧情设定，和董璇对戏时我得戴着面具。

她笑着问我：“这个面具你要一直戴着吗？”

我说：“只是开头这场戏戴一下。”

“那就好，不然辜负了你的盛世美颜。”

被女神夸了！我心里暗自窃喜，但表面上还要不动声色地谦虚一下：“没有啦没有啦。”若是论盛世美颜，还得是女神！

之前我总被说长得像“宋仲基”，刚听到觉得还蛮受用的，后来听多了，就不觉得是称赞了。爸妈给了我帅气的外表，是优势也是劣势。我希望自己能不被外形所限，挑战更多有难度的角色，用过硬的作品为自己代言。日后大家见到我，不会说：看，“小宋仲基”，而是：看，李明源！那才是我想要的。

也许是因为古装戏演得多了，我都快成将军专业户了。

这时候得到了于正导演的垂青，约我去试镜。

其实是年前去试的戏，过后就石沉大海毫无回音了。我没太放在心上，觉得自己毕竟名气不够，不大可能被大剧组看中。谁知道年后回来接到了于正导演的电话：“感觉你挺不错的，有个重要角色给你。”

幸福来得太突然，有种天上掉馅饼正中脑门的眩晕感。

到了横店发现，大剧组毕竟是大剧组，好几百号人，乌泱泱一大片。

人多就有个问题，每天都在等戏。

我有一身戏服，是一套全铁做的铠甲，超级重。好家伙，刚穿上我就感觉要往地上坠。不仅重还不好脱，一旦上妆，“铠甲勇士”就得穿着这套“装备”来来回回穿梭片场。

几天下来，全身都酸痛，不拍戏的时候我就两手抬着铠甲的肩……终于某一天，我忍不住了：“不行，我要去做个按摩……”

这次我饰演的是许凯身边的一个将士。许凯特别和气，没几天彼此就相熟了，初进组时紧绷着的神经也松懈了下来。

印象深刻的一场戏，是我为了我爱的人想当逃兵，许凯把我抓回来了。

我和他对峙：“爱一个人有错吗？为了她我可以抛下一切！”

许凯指着尸横遍野的战场说：“你问问战友的尸体，看他们答不答应！”他的凛然正气噎得我无话可说。

是啊，一个人在这世上，有着多重身份。你是那个柔弱女孩的心上人，也是保家卫国的将士；你是一位父亲的孩子，也将是一个孩子的父亲。每一重身份，都有自己的职责，我们终其一生，就是要扮演这多重身份，做一个好将士、好丈夫、好子女、好父母。

爱情诚然重要，但家国大义面前，儿女情长单薄如纸。经过这场戏的淬炼，孰轻孰重已经一目了然，接下来我会伴随许凯出生入死，做一名称职的战士。

一个演员碰到自己真心喜欢的角色实在是件幸运的事，更幸运的是有能力来诠释这个角色，这是对演艺生涯最好的成全和交代。

我希望自己有这种幸运，在不久的将来，也能有这种能力！

上表演课时老师教导我：一个演员应该遵守“台上是只虎，台下是只鼠”的准则。在“演员”和“明星”之间，我选择完善自我，做追求艺术的台上“老虎”，而不是台下被人关注外表的“老虎”。摒弃浮华，沉淀心灵，做一名真正为艺术而活的“演员”。

第四章
光明
DISIZHANG
GUANG MING

在漫长的时空里翱翔，渴望寻找的方向。

在寂静的深夜里徜徉，想去到有你们的地方。

在喧闹的世界中幻想，只想看清你们的模样。

想乘着时光的帆，把整个世界走遍。

想飞过世界的海，无论这世界有多么远大。

在对与错之间彷徨，是如此慌张。

在冷与暖之间迷惘，是如此暗淡。

在得与失之间看望，是如此茫然。

在寒冷的极地，我愿意给你们，全部的温暖。

在炎热的沙漠，做你们的大伞，为你们遮挡所有的阳光。

从直播到被《明日之子》栏目组发掘，再到成为全国十二强，出道后在公司的培养下，从歌手成功转型为演员，再到如今通过一部部古装和现代戏来体验不同的角色，这些尝试让我越来越尊重并热爱自己的工作，同时也是因为有你们的陪伴，才会有最好的李明源。

世界陌不陌生，你们在，就好。

——感谢我所有的粉丝们/李明源

想要做一位优秀的演员，就要在每一部戏中磨砺自己

在《明日之子》取得一定成绩，进入全国二十强之后，我有了名气，有了自己的粉丝群。

突然发现，有一天走到街上也会被人认出来，慢慢有了自己的粉丝。

我很感激，感谢大家，感恩一路以来默默支持、关心、爱护我的粉丝们，是你们，让我坚持到现在，为了不辜负你们的喜爱，不管前路有多难，我也会一直走下去。

光源

《明日之子》结束之后，我签约了公司，算是正式出道了吧。

公司为了把我打造成全方位多面发展的偶像，为我安排了许许多多的课程。

声乐课，学习更加专业的音乐知识，我才真正明白唱歌、唱好歌的真正窍门。

形体课，保持良好的身材之余，走路，转身，坐姿仪态也都要抓紧跟上。

舞蹈课，作为已出道的一个歌手，不能再专注于情歌一种风格，唱跳歌手才是当下最容易得到歌迷喜爱的。

最后，表演课。

是的，就是为了更好地向影视圈进军。

表演老师说，演戏最基础的，就是放下羞耻心。

在戏中，你可能要演一个疯癫病人，也可能要演一个热情奔放的男人，不可以因为个人的喜好特意挑选自己爱演或者适合自己的角色。比如一个人喜欢高大上的角色，就算演落魄的乞丐，腰杆子都不自觉是挺直的，这样就算不上是一个合格的演员。

有趣的是，通过上表演课我才知道，原来人的身体也能演海浪啊、石头啊什么的。

闲暇的时候，我会对着镜子做表情，念台词，努力提高自己的演技。毕竟不是科班出身的专业演员，假如演得太差肯定会被键盘侠大黑特黑，我绝不能让真心支持我的粉丝们失望。

回忆起第一次去拍戏，影视城里人满为患，来往人群摩肩接踵，随处可见正在拍摄中的剧组。

初进影视城，我好像进了大观园的刘姥姥，感觉什么都新鲜，什么都是不一样的。演员副导带着经纪人和我一路往里面走，很快便停在一处古色古香的庭院建筑的后门前，他向守在门前的剧组人员打了个招呼，然后带着我们一起进去。

换戏服，化妆。化妆间里的各色演员和化妆师都在打量我。这也让我很紧张，但经纪人让我放轻松就好，毕竟之前熟读了剧本。我稍稍安了心，然后化妆师让我坐下，用爽肤水给我清洁面部皮肤后开始上妆。

化妆老师一边化一边嘴里嘟囔着："皮肤还挺好。"

穿上戏服，打扮好站在摄影机前，这世上就少了一个李明源，多了一个《魅者无疆》里的"三十六"。

有一幕正好是男女主角的感情戏，女主角偷偷练剑被男主角发现，然后向男主角表白，要求男主角以后只能喜欢她一个人。男主

角心中百感交集，一时间没了主意，傻傻地站着。

我看得津津有味，暗自佩服演员们的台词功底和充沛的感情，这时候导演却喊了“停！”

导演上前讲戏，我就在旁边听着。很多时候旁人看已经很好了，但对高要求和上帝视角的导演来说，他总能火眼金睛地看出哪儿出了问题。

当一个演员，真的没想象中那么容易。

无论大热天顶着大太阳在花园里拍戏，身上还穿着冬装汗如雨下，还是大风天穿着薄薄的一层纱站在走廊里，即便都哈气成云了，也不能露出一丝寒冷颤抖的痕迹，不过这些都不是最难熬的，最难熬的，是等戏。

没轮到你上场的时候，你就得等候着。

等戏的时候，我喜欢研究剧本，反复背诵，有的情节我觉得稍微别扭一些，就会自己备注下来，等导演不忙的时候前去讨教。

有时候状态不好，自己都生自己的气，饭也不吃，心神不宁地想着拍摄的事情，脑子里乱糟糟的。

我知道自己一切才刚开始，还有太多太多不足的地方。当演员，当一个成功的演员，当一个受观众喜欢的演员，这些对我来说，挑战性很强。

可我偏偏就喜欢挑战性强的事情。

其实出演古装剧，还是武打的那种，和演现实题材的剧有着天大的不同，因为在戏上很多都是“空对空”，对着空气来演，假如去掉特效，去吊威亚，那整个儿就是神经病啊！

甚至古人的走路、坐姿和说话速度都是不大相同的。我刚开始演古装剧的时候，还有点儿不太适应，比如走路的时候，手会不由

自主地在身体两侧甩，这时候导演就会喊“卡”，然后把我叫到一边耐心地指导我。

他说：“明源，这不是时装剧，一个转身一个回眸，就要把范儿端起来，平时很少看古装剧吧？你这身形还是得多练练。”

听了这些我觉得挺抱歉的，下了戏，没事的时候我就恶补一些老电影，专门挑选古装武侠的看，暗自模仿里面人物的各种神态、行为举止之类的。

剧组的拍摄过程通常都是艰苦的，没拍戏之前我还想过吃饭是不是去食堂或者剧组专门包了饭馆，最后证实是我想多了。出通告到现场拍戏的时候，一整天都得待在布置好景的现场里，吃饭的时候会有一辆车过来，然后演员和工作人员自己去排队领盒饭。早上出现场的时候有早饭带上车吃；中午十一点半吃饭，有的时候拍摄延迟，两点才吃上饭也是常有的事；晚饭一般六点半，如果拍夜戏的话，夜里十一点到一点还会有夜宵，夜宵一般就是酸辣汤和炒饼。

演戏，是一件很奇妙的事情。

我忽然变得不再像自己，像是一缕附身于角色身上的孤魂，感受着他人的喜怒哀乐，过着他人的人生。

作为演员，我不惧怕做表情，很多演员都怕镜头里的自己不够

戴着面具的我是不是很酷呢。

美，做表情多容易露出皱纹什么的，所以十分吝啬做表情。我却没有这方面的顾虑，因为想成为一个真正的演员，是不需要考虑那么多的，太在乎美，就是太放不下羞耻感，既然放不开，那你还演什么戏？

只有真实情感演出来的，才最自然，最引人入戏。

体会人生百态，尝试过不同的生活，是演戏最本真的样貌。

现代题材的电视剧演起来又是另外一种感觉，并不是说现代剧

比古装剧简单，任何一件事想要做成功都不容易。我很幸运能得到这么多的机会，参与到那么多优秀的团队中一起创作，希望给观众们带来更好更优秀的影视作品。

平时不演戏的时候，我会不会去看自己的戏？当然会。但假如看见负面评论，或者骂自己的弹幕怎么办？

不怎么办。

在这个信息爆炸的年代，只要你有刷票圈、刷微博的习惯，就算你不追星也不关心娱乐圈，依然会在无意中得知某些消息，像新浪微博的“热门话题”跟各种全网推送，简直是掰开眼皮让人接收到信息。

搞影视行业的人，最忌讳什么事都伤心，我只是个刚起步的新

人，网上不可能一味地吹，肯定会有质疑声，就算二十四小时都关注着网络变动也是没有用的，不如专心揣摩角色，锻炼演技，争取更多上镜的机会……

这是一条不疯魔不成活的路，我想，我会继续走下去，一步一步，坚定地走下去。

宠物绝对是你的第二个朋友

我是一个喜欢小动物的人，总觉得动物比人更需要爱，更容易相处。

小时候的我，一直满心希望能在家里养一条属于自己的狗，可是妈妈不大喜欢。

妈妈说狗毛容易弄得家里到处都是，而且狗狗身上还有寄生虫，所以她不同意。

一听很是沮丧，但我那时候是个乖宝宝，还不会做出反抗家长的举动。

这算是多年以来藏在心中的一个小小的心愿吧，多年后，也就是现在，终于实现了。

我在北京定居以后，终于养了一条狗，毛茸茸的，暖暖的，抱在怀里的时候就感觉拥有了全世界。它虽然不大，食量却不小，总趁我不注意的时候，偷偷摸摸地去厨房吃我给自己准备的食物，每当我发现时，总会在第一时间把它驱逐出厨房，然后它便会跑到我面前，用舌头不停地舔我的脚，想要讨好我。

我吃饭的时候，它就趴在桌子边，一边不停地嗅着饭菜的香气，一边眼巴巴地看着我，没错，就是眼巴巴，令人哭笑不得。

狗狗就像一个小孩子，很灵很通人性，它们能敏锐地捕捉到主人的情绪。有一次我晚归，累倒在沙发上，整个人很疲惫，灯也不想开。一片黑暗之中，狗狗摇着尾巴往我身上扑，可就在扑上来之后，好像秒懂了我的低沉，于是也不叫了，只安静地趴在一旁，睁着眼睛看着我，陪伴着我。

喜欢小动物这件事，我觉得是遗传。

因为父亲也很喜欢宠物，小时候在新疆的家里，爸爸曾经带回来一只鸽子、一只蝙蝠，还有一只小猫。

不知道这个世界上有没有动物缘的说法。有人说，一个善良且有爱心的人，特别招动物待见，许多有灵性的动物极黏这样的人，可以说赶都赶不走。

记得我五岁那年，有一回父亲在单位上班，就推开窗的工夫，一只叫不出名字的小鸟飞到父亲眼前，然后落在他肩头再也不飞走了，父亲想了想，便决定带这个小家伙回家。那时候，家里有个地下室，那是我平时玩乐的地方，父亲特地在地下室里翻出个鸟笼来，给了它一个新的家。

我的爱宠“兜兜”，是一只见到你就会笑的小精灵。

在妹妹还没出生之前，我是孤独的，父母上班很忙，经常没空陪我。

我最喜欢的，就是和小动物们说话，摸一摸它们，紧紧地注视着它们，我就能打心底里感到满足和开心。

我养过一只小刺猬，叫球球，它可是我的心肝宝贝，身上有股奶香味。很多人都畏惧带刺的动物，可我觉得它是一种极为漂亮的小动物，很讨人喜欢。它看起来笨重木讷，其实灵活警惕，还会游泳，玲珑的小脸上嵌着一对闪闪发光的小眼睛，鼻子尖尖的，微微向上翘起，还有细细的胡须，两只耳朵又小又圆，乍一看去，像只浑身长满棕色刺儿的胖老鼠。

一听到刺猬，很多人脑中立刻蹦出来“你不怕刺猬的刺啊？”这样的想法，我在这里要更正一下，刺猬的刺通常都是柔软的，不扎人，只有在惊恐的时候它才会全身紧绷，那时候的刺儿才会扎人。有时候饿极了或者心情不好的小刺猬会咬人，我被咬过，我知道。

球球很胆小，有一次婶婶带着一个小孩来串门，那个小孩一看见我的球球就特别好奇，找了根木棍戳了戳它的背，球球纹丝不动，跟死了一样。那小孩见它不动，还要继续戳，我生气了，过去阻拦。

“不许你欺负我的球球！”

那小孩撇撇嘴，很不忿：“什么球球，就是个胆小鬼！”

“它才不是胆小鬼，它是我的宝贝！”我怕球球受伤，赶紧蹑手蹑脚地靠近，想把它从小纸箱中拿出来。

可惊恐的球球显然是被那个熊孩子吓到了，一口咬在我的小手上，我疼痛之下，想都没想就一甩手，又是“啊”的一声尖叫，原来被我甩出去的球球整个身子蜷成一个球，不偏不倚地扎到了婶婶的胳膊上。

这下子可闹大了，爸爸为了息事宁人，将球球送人了，为此我第一次流下了男儿泪，小小的我第一次感受到生离死别的滋味。

后来妹妹长大了，她和我一样，也很喜欢小动物。对此，我很骄傲，不愧是我的亲妹妹呀！她不止一次地要求我把小狗寄回去给她养着。

在北京，因为工作而出差的时候，我都会在临走前把小狗狗寄养到宠物店，每次它都会特别不舍，哼唧个不停，眼里的情绪我竟然都能读懂。

可是没办法啊，孩子，爸爸要出去赚钱给你买狗粮啊！

元气篇

有了家人的关怀，我更加元气满满

前几天在上海出差的时候，和妈妈视频通话。

视频里妈妈一副悄悄的样子：“你妹早恋了！”

我恍如晴天霹雳：“啊？”

第一反应，吾家有妹初长成。

第二反应，谁啊？胆子那么大，敢惹我妹妹？

第三反应，不行，可得说道说道她，现阶段学业最重要。

后来发现乌龙一场，白白惹我们担心。

妹妹现在长大了，她也完美继承了父亲的艺术细胞，能歌善舞，尤其喜欢跳舞。妈妈说，在新疆带她参加婚宴的时候，音乐一起，她就会不由自主地扭动起来，翩翩起舞，像极了一只美丽的小蝴蝶。

她曾专门学习跳舞，现代舞、新疆民族舞，都跳得像模像样，将来未必不会成为一名出色的舞者。

离开新疆，现在的我定居北京。

北京很好，发展前景也很棒，在这里也结识了更多的朋友和合作伙伴。这是一座多元化、包容性很强的城市，不管你从何处来，只要够努力，就会找到属于自己的一方天地。

不同于戈壁风情，北京有它独特的历史魅力。宽阔的马路，高耸的大厦，羊肠小道的胡同，辉煌宏伟的宫殿，一切的一切都像是现代和历史的完美结合。

签了公司，走上演艺道路，通告也变得多了，生活更加充实而忙碌，经常忙到夜幕低垂时分才能回家。

我不是什么“富二代”，却想让自己的妹妹变成“富二代”。为家人营造更好的生活，我一直汲汲营营，不敢有半分懈怠，努力为之。

夏日的时候，我会去逛颐和园，寻找着清朝奢华旧梦的一丝痕迹。它避开了三里屯的喧嚣，是远离人群、平静内心的极佳去处。

不工作的时候，我喜欢去各大公园走一走，比如玉渊潭公园、朝阳公园，等等。

少玩游戏多散步，是一种健康并且放松身体的生活方式。

北京的公园真的很安逸，年轻人不大多，有时候看着老年人健身打太极，心里的焦躁感会不知不觉地消失。

记得刚来北京不久，家人很担心我的生活境况，怕我饮食不习惯，父亲还特地带了许多克拉玛依的土特产过来。父亲很喜欢吃

面，几乎每周都会吃一次拌面。我会做面，就是跟他学的，味道特别正宗。

他来的那段时间，每天换着花样给我做饭，生怕委屈了我。

以前上学期间也有打工，总没什么危机感，哪怕到了北京也是，我总是很有规划性，不管是打算做潮牌搞服装也好，还是创作一些作品也罢，我都不会让自己太闲着。现在当明星了，从事演艺行业，父亲和母亲都很支持，我能看得出，他们是真心真意地为自己的儿子感到开心。早在高考选专业的时候，我曾经犹豫过很长一段时间，到底该选文科还是理科，因为种种原因最后还是选择了后者，不可谓不遗憾。

可现在想一想，一个人想要做什么，想要成为什么样的人，不管绕多少弯子，不管经过多长时间，总会向着本来心之所向的道路前进。

每年回家过年的时候，都会和妈妈聊一些生活上的琐事，和爸爸去大排档喝喝酒。父亲说，他和朋友喝酒聚会的时候，每次一提到我，就会大声地向身边的人介绍自己的儿子是明星，那种与有荣焉的骄傲和满满的自豪藏都藏不住，他是真的以我为荣。

成长过程中，我最最渴望的便是获得父亲的认可。只要父亲支持，鼓励我去做这件事，那么心里就会生出更多信心和动力，继续坚持下去。在参加《明日之子》的那段时间，父亲说他会守在电视机旁看我的比赛，和母亲、妹妹一起为我加油打气。

我在长沙的时候，还一度担心父亲不会收看我的比赛实况，妈妈偷偷告诉我，父亲在电视直播的时候，会一边看电视，一边拿起手机为我刷礼物、投票和点赞。

这样元气满满又不动声色的关爱，真的让我感到很幸福，无比满足。

礼物篇

给我温暖的女孩，我要对你说一声谢谢

我一直觉得成为公众人物没什么，其实明星也是普通人，和其他人没什么两样，唯一不同的是粉丝赋予的光环，这样的光环让明星站得更高，更光芒四射。

这样的光环里，其实关注的都是爱之光。

我收到的第一份来自粉丝的礼物，是一个塞满卡片的精致盒子。

密密麻麻的卡片上爬满了字，竟然出自同一人之手。

粉丝为我精心定制的专属可乐。

当时第一反应是惊讶，没错，还来不及感动。

为什么？

因为当时我在吃饭呀，正在一边录美食视频一边吃饭，而且发生了一件奇葩的事情。

记得当时我在饭店吃饭，从旁边走过一个很吸睛的美女。

之所以说是美女，是因为她的打扮，但她的穿着、长相，显然不是我的菜。

一字肩的紧身裙包裹着她的曼妙身材，再往上看，那是美颜手机才能拍出来的锥子脸，上面镶着一对大凤眼，典型的网红脸。

普通人，很难天生长成这个样子。

所以这类型的美女在网上会被很多人酸，并且晒出香港那些老牌女神年轻时期的照片来判断现今社会的审美，不过奇怪的是，现在大部分男同胞的审美都是一致的，他们就喜欢这个类型的。

我的余光看见美女拉开椅子，在我后面的那张桌子坐了下来，踩着高跟鞋的长腿交叠着，裙子扯得刚好遮住……不可描述。

不是我有意关注，实在是她刚才走过来的时候那阵香风，特别辣眼睛。

她的旁边，也就是我的身后坐着一个男的，估计是她男朋友。

只见她笑了笑，招手向服务员要了一杯水。然后对男生撒娇："你今天好准时啊，没迟到，真棒！"

然后他们亲亲热热的开始吃饭，唉……又是一对虐单身狗的情侣，我默默摇了摇头，注意力又回到视频上，开始认真地吃和介绍菜式。

"你上次不是说想要Dior（迪奥）的包包吗？吃完咱们就去买了吧。"

"你的记忆力可以啊，我就那么随口一说，没想到你给记住了。"

"对了，今天约我出来不是说有重要的事要跟我说吗？是不是又要去哪里玩？"

我很不想听他俩的私密话，奈何这对男女都是大嗓门，旁若无人地说话调情，尤其是那位女士，让我非礼勿听都做不到。

就在这个时候， 男的开口了：“其实，我觉得今天之后，我们彼此都静静吧，不如多给对方一些空间……”

听到这里，我咽了口口水。

这是妥妥的提分手的节奏。

貌似话开了个头，那男生觉得接下来的话变得容易说了：“对不起，我仔细想过了，我们好聚好散吧，以后还可以做朋友。”

“你想跟我分手？”美女立刻尖叫起来，这下子不光是我了，整个餐厅的人都频频侧目。

“你变了，你不喜欢我了！”美女的声音越来越尖厉，“哪个女人，是上次我见的那个吗？”

“真没有别人，我只是觉得咱俩性格不合适。”那男生解释了几句就开始词穷了，他看了看四周，感到更加烦躁，“有什么别在这儿说行吗？这么多人呢！”

“现在是你要甩我，我说几句怎么了？心虚什么啊你，呵呵，穿上裤子就不认人了？”

听到这里，我差点儿把嘴里的饭喷出来，皱了皱眉，继续我的视频。

这时候，已经有服务员注意到这里了，不时投来不安的目光，因为也不知道具体发生了什么，不敢贸然上前。

于是四周的食客纷纷竖直了耳朵，一边假装非礼勿视什么都看不见，一边面色各异。

我猜他们的心理活动是，“这可撕得太好啦，继续撕啊！”

“你胡说八道什么，这里是饭店，你不觉得丢人啊？”那男生见美女这么不依不饶的，显然也被蹿起了火。

“你这么没良心，害怕什么丢人呀？”美女气得直拍桌子。

以上这段是已经被我自动过滤掉污言秽语的版本。

“我怎么没有良心了，你真以为可以嫁给我？你多大，我多大？你知不知道，咱俩的年龄现在结婚违法啊！我看你真是很傻很天真！”闹成这样，那个男生的胆子也大了起来，他也拍桌子瞪眼，一横道，“就你这个粗鲁样子，我就算找个男的都比找你强！好了，我今天来不是问你意见的，是通知你，我们结束了！”

美女霍地站了起来，抄起桌上的水，眼看着就要泼男生一脸。

我一缩脖子，下意识地向旁边一歪，千万别伤及无辜啊！

其实泼水这种行为无非是发泄怒气、不理智的粗暴行为。因为事情发生得太快，服务员离得太远，还没来得及过来规劝，所以就在我

一缩脖子的时候，那美女的目光刚好落到我正在拍美食的手机上。

大概她对她的前男友还有感情，就算被如此对待还舍不得伤害他……

大概她看到我的手机便立刻联想到我是在拍她，在一旁看她的笑话吧……

大概我离得最近……而我又是个男的……

总之那一杯水的方向转了个弯儿，瞬间我就被泼了一头，一脸透心凉。

我顿时蒙了。

这算不算是“人在饭店坐，祸从天上来”？哦，不对，准确地说，是水。

这位美女，不对，大姐！你被人甩了，你伤心、愤怒、心里苦，我都懂，可是这不能怪我啊！

我来吃个饭招谁惹谁了？

得亏只是水，不是硫酸，除了淋了个湿漉漉之外，没有任何伤害……

我刚想站起来说些什么，那美女已经一扭一扭地哭着跑出了饭店。

我一句话堵在喉咙里，一回头，那个男的也匆匆走了。

服务员拿着毛巾过来：“先生，您没事吧？”

我混沌地摇了摇头。

服务员又道：“先生，您能不能来前台一下？我们经理有事要和您说。”

我大惊，立刻解释道：“刚才那个女的不是我女朋友，她男朋友才走，我不认识他们，我也不知道为啥被泼了一脸水！”

服务员微笑着摇头：“不是这件事，先生。”

正当我猜想着究竟还有什么事的时候，服务员把我带到了前台。

等我到了前台，经理问了我的姓名，然后递给我一个粉红色的商品袋。

“这是？”我深深地疑惑了，经过刚才的意外，整个人都有点儿不好了。

经理说：“半个小时前一个女孩子送过来的，留下礼物就走了，只说是给李明源的。”

那不就是我吗？

我打开袋子，里面躺着一个不大不小的盒子，我小心翼翼地取了出来。

下一秒，我见到了一份赤诚满满的礼物。

仅仅是视频里不小心泄露了饭店的名字，这个女孩就开启了福尔摩斯模式，卡着时间点，追踪我到了这里，最后却因为羞涩，只留下了礼物，却芳影无踪。

先是从天而降的一杯水，又是忽然而来的一把火。

这一冷一暖，形成鲜明对比。

我感觉自己好像经历了魔幻又神奇的梦境。

这小小的礼物，并不昂贵，可用心的礼物，才最让人感动。

不知道，当初那个留下礼物却没留姓名的女孩子现在是否看到了这段话？假如看到了，我想对你说一声："多谢你，在我感觉到冷的时候，给我添了一把火，温暖了我。不知道现在你人在何方，我由衷地希望你以后越来越好。"

未来篇

未来是自由的

时光的脚步走得太过轻巧，永远不会为谁停留。

从一个青涩的大男孩成长到一个有粉丝接机的新晋男偶像，每一分，每一秒，都在发生着日新月异、翻天覆地的变化，吸引着周围人的目光。回头看一看自己走过来的路，有坎坷，有欢笑，但我从不后悔自己的付出，只是觉得自己还不够努力。

失去了一片天空，但却得到了另一种人生。

我离开家乡，放弃了稳定的生活，选择了另一种跌宕起伏、光彩四溢的人生。

最初憧憬的所见的，很有可能，不会成为我的全部。

在这里，我忽然想对那些对未来还很迷茫的朋友们说，当渴求的事物一时间不能被兑现或拥有的时候，不要失望，不要颓废，你们曾经的努力，都是未来的积累。

哪怕一无所有的人，只要坚持地、反复地做一件事情，总能成功，总会有机遇眷顾你们。

不要感觉累到麻木，对未来的向往就中断了，一切好像没希望了，其实转个弯，希望就在不远处。

在成人的世界里，没有绝对的谁对谁错，我们都有各自的选择和方向。

接受和背弃之间，每个人都有自己的压力与追求，应该去学会尊重对方。

也许有些人，有些事，有些机会，一时错过了就不会再遇上。

有时候，只要再多一点点勇气。曾经的我，也很内向，很慢热，不知道怎么表达感情，不清楚如何表述自己内心的真正意愿，一直独自面对着恐慌，时常紧绷着神经，害怕自己这样不够好那样够不好。

Ance
Studios

而现在，竟连偶尔失眠都感到很轻松，很多人，为了错误的追求而带给自己多少无形的压力啊！

很多人内心深处都有一个问题：未来，到底在哪里呢？

这个世界太现实，所以我们为什么要为了讨好别人而活着呢？放弃自己内心的意愿，真的甘心吗？为什么要去羡慕别人的人生，墙里墙外，其实大家都一样，没什么不同。换个心情，换个角度，放不下的就不要逼着自己去放下，忘不掉的也不必刻意忘记。

人生最大的追求莫过于自由，未来是自由的。

携手未来的风和我一起奔跑向远方吧，过往的风景不会遗憾，都变作心中珍藏，清醒地认识自己想要的生活，让希望的光不再缥缈，为我们指引明确的方向，心之所向，就在手上，用这一双手，把不切实际缔造成现实。

少一点儿抱怨，少一点儿责怪，你我想要的生活即是未来。

未来之所以自由，本意便在随手创造，求心的人想要无愧，做事的人事后无悔，无愧无悔那便是脚踏实地。

想起古人一句名言：“尽人事，听天命。”

世间没有最好的人和事，我时常在深夜里思考，追问自己：今天，满意吗？满意便心安理得了，其实我们的生活或多或少都有缺憾，缺憾也是一种美，美来自认真过，那就没什么可后悔的了。

脚下的每一步都在向未来靠近，艰辛是必然的，是自信和坚持的最佳写照。

欢笑不光要挂在脸上，更要挂在心上，在心里绘一幅今时今日的自我肖像，不会有人刻意提点我们未来的路该如何去走，内心带笑的人往往与梦想只差一步之遥。

未来，有很多选择，失败了没什么大不了，重新来过也是一种未来。

十年，做最好的李明源

写了那么多，许多都是之前发生的故事。

没有一篇是写给未来的自己的。

于是我决定，给自己写一封很长很长的信,写给十年后的李明源。

一片空白，落笔又忘词。

真不知道该写些什么好，不知道把这封信寄到哪儿，不知道把心里话讲给谁听。但是，十年后的李明源啊，我现在特别想寄托给你一些愿望。

未来的你，要记得十年前曾有个刚毕业的少年为了明天的阳光努力奋进，尽管十年后的你可能并不是现在的我真正想要成为的模样。

你可能已经是一个璀璨耀眼的一线巨星，坐拥令人艳羡的财富名利，每天有数不完的通告要跑，头条上经常出现你的身影；你也可能消失在演艺圈，重归平淡生活，开了店，和家人在一起，开开心心地共度着美好时光……

请原谅我这些天马行空的想象，单纯只是想把最好的愿望镀在你的身上。

未来的你要改改十年前的慢热性子，要变得更成熟一些，不许太认生。

你要记得，永远保持一颗赤子之心，千万不要在努力奔跑的时候丢了初心。还有，健身的时候别一味地增肌，要记得你刚来到这世上时，软软的也没什么肌肉。一切自然最好，喜欢你的人，不是最欣赏你身上清新自然的气质吗？保持身材的同时，最重要的是身心健康。

未来的你或许会爱上一个人，她不是最美的、最优秀

的，却是你想要用一辈子去珍惜的。要记住，深情是一件好事，但也别太沉沦了，毕竟情深不寿啊！你要有自己的空间，要找到人与人相处最合适的距离，保持九十九分的喜欢，剩下的一分是尊严，这是要铭记的事。

未来的你，要做一位对社会有用的人。明星更应该以身作则，给社会树立好的榜样，给粉丝带来无限的正能量。不要想，也不要做任何投机取巧让自己后悔的事情。看不惯的人，无视就好，你的性子，我最了解。伤害你的人，以德报怨，以直报怨，以德报德。

用自己的方式去解决，没人能替你出头，最坚强的后盾是自己。我多么希望，懦弱、脆弱、悲观这些负面的词语，可以永远消失在你的字典里。

未来的你一定会时常怀念年轻时的自己，怀念参加改变你命运的《明日之子》，怀念小时候丢失的自行车，怀念还没长大的小可爱妹妹，怀念依旧硬朗、拿着你孝敬的名表四处炫耀的老爸，怀念青葱校园间那如同光点消失般的身影，怀念逝去的恋情，怀念那些疯疯癫癫、欢笑过一起二过的朋友。既然这么怀念，那就回去啊，回到十年前的地方，对着系主任说一句：你还记得我吗？还记得当年给我批过的假吗？我没有让您、让学校失望吧？

未来的你，不许勉强自己。

十年前，我肩负着大家的祝福独自前行；十年后，希望你能做一个风中带浪的潇洒客。不做廉价的自己，懂得付出和回报，别一厢情愿地应和不喜欢的圈子，你是活给自己看的，而不是旁人。期盼你到七老八十的时候依然特立独行，我相信那样的你，很酷。

未来的你，是不是有了自己原创的歌，拍了很多自己想要塑造的角色？还是那么喜欢现代戏吗？未来的你，还有没有时间来一场说走就走的旅行呢？毕竟现在的我那么喜爱旅游，喜欢欣赏各地不

同的人文风景，有机会的话，去新西兰的萤火虫洞看看萤火虫，去南美阿根廷喝一喝马黛茶。我相信，这些你都做到了，对不对？

未来的你，既有帆布鞋也有男士皮鞋，吃得下拌面，品得了红酒，事业上有强劲的对手，也有交心的朋友。愿你越来越英俊，特别执着，特别沉着，对待事业野心勃勃，对待别人特别善良。多做公益吧，这个世界需要关爱的，实在太多太多了。

未来的你，要学会用另外的角度看问题，看世界，生活就是一路寻找真我的过程。

在迷茫彷徨之时，依然可以对世界保持着满满的童心和无尽的好奇。学会适应这个世界，无论是温度还是人心。

未来的你，不用担心时光匆忙，因为山高水长，你还有一生的时光可以大闹，可以张扬。

未来的你，不必刻意远离孤寂，要时刻铭记人生来孤独，要学会享受孤独。

十年之后的你，会不会很想见到十年前现在的我呢？

平行世界中我们隔岸相望，一清二楚，却永远无法相交。

就到这里吧。未来的李明源啊，请你奔跑，向着未知的世界努力奔跑，不管前方是什么模样，只要觉得值，就请继续吧。

就这样吧，这封信里似乎承载了太多的未来。这十年，肯定会发生很多难以预料的事，我也无法为你精准地规划出道路。

十年之后究竟会怎么样，就交给那时候的你作答吧。

后记

活成一个光源

我正在横店拍戏，编辑给我打电话说，书稿全部排版完毕，即将送交出版社。电话这端，我轻声说，谢谢您，这么长的时间，辛苦了。挂了电话，我看着眼前剧组忙碌的景象，突然回想起两年前自己在家乡的日子，恍若隔世。

岁月是一个很神奇的东西，可以带走一些让我们不愿记住的曾经，却带不走我们的温馨和快乐时光。不管你是否愿意，这些过往都将被时间尘封起来，像一个巨大的相册。在今后的岁月里，闲暇的时候打开它，温习它，有的已经遮上厚厚的尘埃，有的则清晰如昨。但不管是怎样的曾经，历经漫长时间的堆积，才成为现在的你和我。

写这本书就是翻开这本相册，默默回忆，用回忆去敲醒如今忙碌的自己。可能你也有相同的经历，有相同的感受，那么可否在这本书合上的时候，也跟着思想的足迹，回到过去，寻找最初的你，也许你会发现，走着走着，初心已经远去，但你的执着与努力依然存在。

没有想过当一个艺人，至少在两年前，从来没有想过，但如今走上这条路已经两年了。有时候会想，如果当初自己不选择参加《明日之子》，我现在会在哪儿？会干什么？也许真的会为了妹妹，去学习做甜品，给她也给自己一份甜甜的人生。也许在家乡寻找一份专业对口的工作。有一点，我想我不会变——热爱音乐，热爱艺术的内心仍然在，即使不去做我现在的工作，也会成为我毕生的爱好。

现在辛苦地拍戏，不只是为了梦想，也是为了当下。我想我是享受这个过程的，在故事中体会不同的人生，也让自己的人生更加丰富。人生在岁月的煎熬下，会渐渐酿成一坛美酒。等到有一天我们白发苍苍的时候，打开这坛酒，闻到的便是岁月的芬芳。

当然等到那个时候，我们珍藏的这本相册会比现在厚很多很多，这便是人生的意义和财富。人生不是为了得到什么，而是为了经历什么。

这本书是我对这两年经历的一个总结，也是开启未来人生的一个起点，让我们来做一个约定，在未来的十年或者二十年，我们一起，再回望这段日子，那个时候，我们再开启这坛美酒，感受岁月的芬芳。

未来可期，请一直加油！

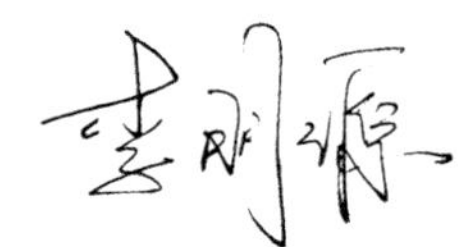